Les meilleurs currys indiens
camellia panjabi

Camellia Panjabi est née à Mumbai (Bombay). Nommée directrice commerciale de la chaîne des Taj Hotels – l'une des plus prestigieuses en Inde –, elle s'est intéressée à des cuisines très diverses. Pendant trente ans, elle a sillonné l'Inde, la Thaïlande, l'Asie du Sud-Est, les États-Unis et l'Europe et participé, pour cette chaîne d'hôtels, à la création de plusieurs restaurants qui se distinguent par une carte proposant des plats indiens peu connus.

En 1982, elle ouvre à Londres la Bombay Brasserie, premier établissement du Royaume à proposer des spécialités régionales, révolutionnant ainsi l'approche de la cuisine indienne.

En 2001, elle quitte le groupe Taj pour rejoindre l'entreprise familiale, Masala World, qui possède quatre restaurants à Londres.

Les meilleurs currys indiens

camellia panjabi

traduit de l'anglais
par Gabrielle Merchez

albin michel

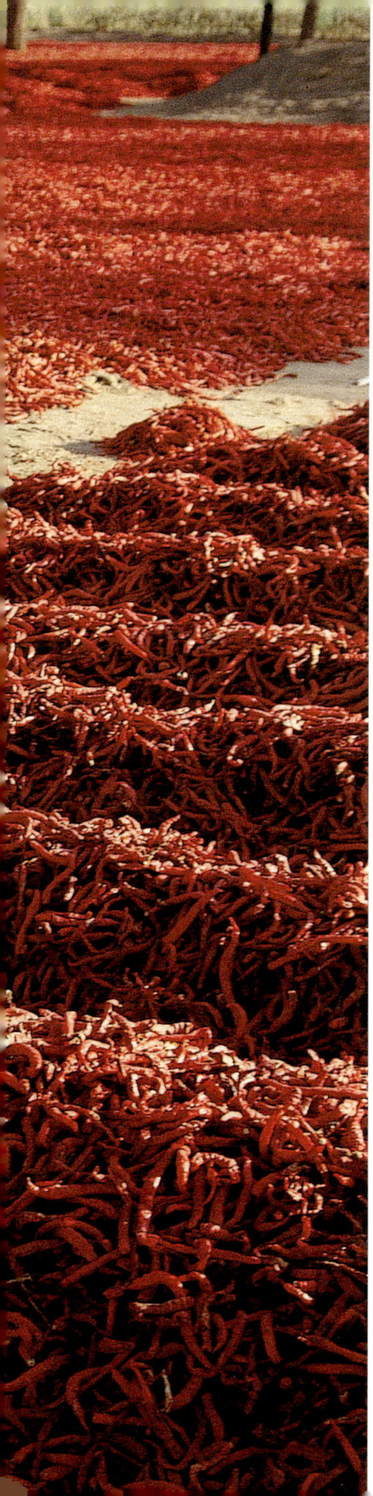

sommaire

Ce livre est publié avec l'espoir de mieux faire comprendre et apprécier les cuisines de l'Inde dans toute leur richesse et leur diversité, tant dans leur pays d'origine que dans le reste du monde.

NOTE

Dans les recettes, la tasse correspond à 200 ml (un verre à moutarde) et sert à mesurer les grandes quantités d'aromates frais.

introduction

Aussi loin que remontent mes souvenirs, je me suis toujours passionnée pour la cuisine. À cinq ans déjà, je voulais donner mon avis sur le menu du lendemain que ma mère étudiait tous les soirs avec la cuisinière. À l'école Queen Mary de Bombay, aujourd'hui rebaptisée Mumbai, le déjeuner, préparé à la maison, arrivait dans une gamelle à étages, comme pour toutes les autres élèves. Sur les quatre longues rangées de bancs du vaste réfectoire, plus de trois cents filles se nourrissaient du repas cuisiné chez elles avec amour et apporté par leurs *ayahs* et chauffeurs. Je circulais souvent entre les bancs en lorgnant sur les assiettes des autres, qui me paraissaient toujours plus intéressantes que la mienne, curieuse de la couleur, de la texture et de l'arôme des plats. Le soir, je décrivais à ma mère avec force détails les plats qui m'avaient fait envie et la suppliais de les recréer pour moi. En grandissant, je lui déclinais les noms des bénéficiaires avec l'espoir qu'elle pourrait en déduire leurs origines familiales et reconnaître ainsi les plats qui me fascinaient tant. Mais à l'époque, en dehors de son propre groupe social, on connaissait très mal la cuisine des autres.

Curieusement, ce n'est que très récemment que j'ai réussi à retrouver la trace du grand favori (en termes d'aspect du moins) de mes souvenirs d'enfance : un curry d'un rouge intense de soleil couchant qu'une élève parsie, assise derrière moi, mangeait souvent.

Quelques années plus tard, des raisons familiales nous obligèrent, ma sœur Namita et moi, à nous inscrire au repas de la cantine, préparé et servi dans un autre réfectoire pour les élèves dont les parents ne pouvaient pas faire livrer le déjeuner à l'école tous les midis. Notre repas était désormais cuisiné « à l'anglaise » (l'école Queen Mary était tenue par des missionnaires écossais) : poisson ou viande au four (sorte de hachis Parmentier), *dhol* (terme anglais et anglo-indien pour les lentilles *dal*) et riz jaune, curry de mouton avec riz, crêpes à la noix de coco et gâteau de Malabar au sagou, dont le goût ne ressemblait à rien de ce que je connaissais jusqu'alors. Des années durant, j'ai cherché la copie conforme de ce curry de mouton, pour la trouver un jour, par hasard, dans les années soixante, sur la table d'un buffet du *West End Hotel* de Bangalore, vieil hôtel d'époque. J'y retournai dix ans plus tard pour découvrir que les cuisiniers de l'ancienne brigade avaient pris leur retraite sans laisser trace de la moindre recette.

Quand j'arrivai en Angleterre, je fus très étonnée de constater que les repas servis à l'université ne comportaient aucune des épices qui figuraient en Inde dans la « cuisine anglaise » de notre enfance. Je compris alors que la « cuisine anglo-indienne » était en fait un hybride culinaire à part entière, largement répandu en Inde car couramment servi dans les clubs, où le foie *masala* sur toast était un grand classique, dans les trains où l'on servait des repas appréciés tant des Britanniques que des Indiens et préparés dans un espace exigu par des cuisiniers du cru, dans les *daks*, ces hôtels tenus par l'État où les omelettes *masala* étaient, et sont sûrement encore, numéro un des ventes, et dans les restaurants populaires tels le *Gourdon* et le *Wayside Inn* de Bombay, le *Koshy's* de Bangalore et le *Flury's* de Calcutta où les « panés » étaient un mets courant. (Les « panés » désignent en Inde des croquettes à base d'aliments émincés divers – viande rouge ou blanche, poisson ou légumes.)

La chance voulut qu'après avoir travaillé quelque temps en Inde dans la vente de produits de consommation, je décrochai un poste de directrice des ventes au *Taj Mahal Hotel* de Bombay, un établissement légendaire qui allait se lancer dans un programme unique de rénovation et d'expansion visant à doubler sa capacité et à élargir sa gamme de restauration et de services de réception. L'hôtel possédait déjà un bon restaurant qualifié de franco-indien, une grande salle de réception proposant un buffet-déjeuner tous les jours, un bar et un grill. À côté se trouvait un hôtel partenaire, le *Greens*, avec un restaurant indien, le *Gulmohur*, installé dans la cour ; on y servait notamment la dernière nouveauté culinaire de Bombay, grande favorite de l'époque : le poulet tandoori !

Au milieu des années soixante, ma première tâche consista à doper les ventes de ce restaurant, où l'on comptait souvent au déjeuner six clients dans un établissement de quatre-vingts couverts et, au dîner, quelque vingt personnes venues juste s'attabler dans la cour autour d'un poulet tandoori accompagné de pain *naan*.

À l'époque, il n'y avait guère qu'une poignée de restaurants indiens en ville. En phase avec l'esprit de l'époque, l'architecte d'intérieur chargé du projet (un Suisse connu pour ses rénovations hôtelières) décida de concevoir le restaurant comme un temple traditionnel de l'Inde du Sud, avec de majestueuses colonnes gravées et une piste de danse rehaussée de marbre où l'on donnerait tous les soirs des spectacles de danses indiennes typiques de cette région. Il voulait placer une immense lampe à huile en cuivre à l'entrée du restaurant, que l'on proposa d'appeler *Tanjore*, du nom de la ville où se trouvent les plus beaux temples de l'Inde du Sud et qui est aujourd'hui classée au patrimoine mondial de l'Unesco.

Certains objectèrent que nous ne connaissions pas grand-chose des mets de cette région et que, de toute façon, le *Tanjore* servirait probablement une simple cuisine végétarienne brahmane, ce qui ne serait pas au goût de notre clientèle. Convaincu que la carte du restaurant n'avait pas à être dictée par le nom ou l'ambiance du lieu, le lobby du *Tanjore* l'emporta, et le restaurant tourne toujours. Ces années-là marquèrent, il est vrai, un tournant dans la vie sociale du pays : c'était désormais en vogue d'aller manger indien au restaurant dans une atmosphère élégante.

Dans les années qui suivirent, je collaborai étroitement avec une équipe de collègues du *Taj* pour ouvrir des hôtels et créer de nouveaux restaurants dans les établissements de Madras, Goa, Delhi, Bangalore, Hyderabad et d'ailleurs. Curieusement, chaque fois que nous mettions des spécialités régionales au menu, nous nous heurtions à la résistance des clients qui s'obstinaient à commander avant tout les plats penjabis. En Inde, la majorité des gens qui vont régulièrement au restaurant sont originaires du Penjab, État du nord-ouest qui compte vingt millions d'habitants. Les Penjabis produisent l'essentiel du blé du pays, ils adorent leurs pains *naan* et *paratha* luisants de *ghee* ou beurre clarifié, et leur plat favori est le poulet au beurre – morceaux de poulet tandoori servis avec une sauce tomate au beurre. De tous les Indiens, ce sont les plus sociables ; ils partent s'installer comme cadres de sociétés dans l'ensemble du sous-continent et, quand ils sortent, c'est pour manger la cuisine de chez eux, où qu'ils se trouvent. Comme ce sont eux qui constituent le fonds de commerce de presque tous les restaurants du pays, les restaurateurs hésitent à s'éloigner des spécialités penjabies. De plus, les citadins ne voient pas vraiment pourquoi ils iraient gaspiller de l'argent dehors pour ce genre de plats, alors qu'ils peuvent manger une cuisine régionale chez eux : quand les gens sortent, ils préfèrent manger penjabi ou chinois !

C'est ce qui explique pourquoi la cuisine régionale indienne n'a jamais vraiment trouvé ses marques, même en Inde. Les restaurateurs ne se risquent pas à ouvrir un établissement proposant des spécialités autres que celles du nord de l'Inde. À Calcutta, par exemple, on ne trouve pas une seule bonne table bengali alors que *Amber*, le restaurant le plus fréquenté de la ville, sert des plats penjabis à des centaines de clients par jour.

J'avais le sentiment désespérant qu'en Inde la clientèle ne serait jamais prête à découvrir d'autres spécialités régionales en dehors de la cuisine penjabie, et c'est cette situation qui m'amena à penser qu'il serait peut-être possible de lancer les spécialités régionales indiennes en Angleterre, pays où la tolérance culinaire est grande et qui a fait découvrir une infinité de cuisines régionales. Pouvais-je trouver meilleur ballon d'essai, me dis-je, que la cuisine de ma ville d'origine ? Ainsi naquit l'idée qui présida à la création de la *Bombay Brasserie*. Pourtant, quelle audace d'imaginer que le reste du monde pouvait s'intéresser à la cuisine de Mumbai !

L'incrédulité n'était pas seulement partagée par une partie de mes collègues, mais aussi par les gens de métier au Royaume-Uni. Une grande agence de communication refusa de nous prendre comme client si nous persistions à vouloir garder « Bombay » dans le nom du restaurant, leur étude de marché ayant montré que ce nom était associé à la grande misère ! On voulait nous contraindre à rester dans les normes : les plats du nord de l'Inde, servis tous en même temps, « comme là-bas », dans de jolis bols en Inox, avec des couverts en métal argenté comme il sied au lancement d'un restaurant du groupe Taj au Royaume-Uni.

En 1981, je passai quelques mois à Londres pour voir tous les restaurants indiens, pakistanais et bangladais de renom, explorer les marchés et discuter avec de nombreux professionnels des métiers de bouche. Cela me permit de me faire une image des diverses influences culinaires et des idées des consommateurs de l'époque sur les repas au restaurant. Puis je rentrai à Mumbai pour sélectionner les plats qui correspondaient au résultat de mes recherches. Encourageant les cuisiniers à sortir de la routine, nous travaillâmes plusieurs mois à des recettes de ménage dénichées dans les diverses communautés de Mumbai. C'est ainsi que s'élabora le menu de la Bombay Brasserie.

Tout découla logiquement de cette recherche. Pour manger différents mets en même temps, il fallait des assiettes, des verres, et aussi des tables de plus grandes dimensions, et ainsi de suite. Finalement, nous avons réussi à offrir à Londres un choix de spécialités culinaires de Mumbai, tels le poisson au chutney vert cuit en feuille de bananier, les en-cas des vendeurs ambulants, le *sev batata puri*, sans oublier les grands favoris du nord de l'Inde comme le poulet tandoori, mais en appliquant aussi ce mode de cuisson à d'autres ingrédients, la truite par exemple.

La Bombay Brasserie a fêté son vingtième anniversaire en décembre 2002 en donnant à la cuisine indienne, au fil des années, une nouvelle perspective internationale. Pourtant il aura fallu au moins dix ans pour voir l'ouverture d'autres restaurants analogues au Royaume-Uni. Même dans mon pays, ils ne sont encore qu'une poignée. Une meilleure connaissance des diverses cuisines régionales débouchera peut-être sur la création de nouveaux établissements. J'espère que mon livre y contribuera.

Ceux de mes amis qui ne sont pas indiens disent souvent que c'est dans les familles indiennes que l'on mange le mieux. Ils ont raison. Mais cette cuisine familiale ne ressemble en rien à celle que l'on mange dans le reste du monde. En fait, la plupart des Indiens ne connaissent les cuisines régionales de leur pays qu'à travers les cartes des restaurants. Quatre-vingt dix-neuf pour cent des Indiens n'ayant pas de *tandoor*, le poulet tandoori et le *naan* ne sont pas le propre de la cuisine bourgeoise indienne ! Cela est vrai même au Penjab, bien que certains villages possèdent des fours en terre communaux où l'on fait cuire les *roti* (pain grillé). Quatre-vingt-quinze pour cent des Indiens ignorent ce qu'est un *vindaloo*, un *jhal farezi* ou, a fortiori, un curry Madras. Ce sont là des spécialités servies dans les restaurants indiens de l'étranger.

Les Indiens de castes et d'origines régionales et religieuses diverses partagent certes un fonds culinaire commun, faisant appel au même mode de cuisson à petit feu et aux mêmes ingrédients, les épices avant tout. Ils connaissent bien leurs propres traditions culinaires, perpétuées grâce aux femmes de la maison qui font la cuisine ou la supervisent. Mais ce qu'ils connaissent des traditions des autres se limite généralement aux communautés dans lesquelles ils ont des amis chez qui ils vont manger. Toute grande ville est un assemblage de plusieurs communautés, fondées notamment sur la religion et la caste. Lors des mariages, qui rassemblent plusieurs centaines d'invités, la cuisine est confiée à des traiteurs spécialisés et chaque communauté a le sien. Ce secteur d'activité est une mine de secrets culinaires, tout comme les maisons où cuisiner est une affaire sérieuse.

Dans ma quête d'excellence, je me mis à chercher partout pour dénicher des spécialités : un plat exquis dans un boui-boui à deux pas d'un bazar, un mets savoureux chez un aristocrate de Madras, un curry de crustacés à la table d'une grande bourgeoise de Mumbai, une divine surprise dans une famille de gastronomes d'Hyderabad, la rencontre avec un traiteur de mariage de la troisième génération originaire de Lucknow. Parfois il s'agissait de réunir plusieurs petits secrets de sources diverses… Ainsi se constitua peu à peu un recueil de recettes.

Puis, en 1990, ma sœur Namita ouvrit à Londres avec quelques amis un restaurant spécialisé dans la cuisine indienne et anglo-indienne, le *Chutney Mary*. La carte, très intéressante, proposait beaucoup de « nouveaux » mets. Un soir, elle m'appela à Mumbai. « Camellia, me dit-elle, tout le monde ici veut des currys magiques. Tu n'en aurais pas dans ta collection ? »

« Magique » : le mot me donna à réfléchir. Cela cadrait tout à fait avec la recherche que j'avais entreprise pour découvrir ce qui se cachait derrière telle version d'un plat indien traditionnel et la rendait exceptionnelle. C'était là une question qui me préoccupait sans cesse car, au *Taj*, nous nous efforcions d'améliorer les plats populaires, afin de satisfaire une clientèle toujours plus exigeante, qui voulait retrouver une cuisine connue mais beaucoup plus savoureuse parce que préparée au restaurant. Je n'arrivais pas à savoir comment s'opérait une telle magie. Ma quête m'amena à découvrir qu'en Inde les chefs sortis des écoles hôtelières étaient formés par des professeurs qui eux-mêmes n'avaient que très rarement eu accès aux vraies richesses de la cuisine locale. Ces richesses se répartissaient entre les professionnels qui préparaient banquets et mariages depuis des générations, les cuisiniers qui travaillaient pour des familles fières de leur table, et bon nombre de ménagères dont la cuisine était légendaire – à eux tous, ils formaient une classe à part. Et c'est là, auprès d'eux, que s'était pratiquée la gastronomie indienne, sans compter, dans chaque ville, les grands hôtels d'époque qui avaient attiré les meilleurs cuisiniers au début du siècle dernier. Ces derniers ont, pour la plupart, été remplacés par une nouvelle génération de chefs diplômés, et seuls quelques rares ayant été formés par de vieux « magiciens » ont réussi à s'élever au-dessus du lot. Mais, dans l'ensemble, c'étaient les recettes sans envergure enseignées dans les écoles qui parvenaient aux hôtels-restaurants, tant en Inde que dans le reste du monde. J'entrepris alors de dénicher les recettes qui sortaient de l'ordinaire. Ce livre en est le résultat.

Aujourd'hui, les amateurs de bonne cuisine indienne ont envie d'en savoir plus sur les traditions culinaires régionales du pays. Or les currys sont au cœur du repas indien. Mieux connaître et mieux apprécier les différentes saveurs des nombreuses cuisines régionales de l'Inde donnera aussi aux hôteliers et restaurateurs la confiance nécessaire pour mettre ces plats au menu. Investis de ce savoir culinaire, chef et client pourront alors faire route ensemble. C'est en pensant à tous les hommes et femmes qui pourront apprécier cette cuisine chez eux, en Inde comme dans le reste du monde, que j'ai décidé d'écrire ce livre.

Ma reconnaissance va à tous les innombrables cuisiniers, ménagères, gastronomes et traiteurs professionnels qui ont accepté de partager leurs secrets culinaires. Il ne m'a pas été possible de les nommer tous, mais ma gratitude leur est acquise.

Cette introduction, écrite en 1993, a été remaniée une première fois en 2002. Depuis, le monde de la gastronomie indienne a beaucoup évolué, tant dans son pays d'origine que dans le reste du monde. Une nouvelle mise à jour s'imposait.

La cuisine de l'Inde du Nord reste la plus populaire de toutes, qu'on la déguste chez soi ou au restaurant. En Inde, les plats cuisinés ont fait leur apparition dans le commerce, vendus généralement sous vide plutôt qu'au rayon des produits congelés ou réfrigérés. Les spécialités régionales suscitent davantage d'intérêt et, dans les grandes villes du pays, on trouve aujourd'hui des restaurants proposant des spécialités de Goa, du Kerala, de la côte occidentale et de Chettinad (sud du Tamil Nadu). Mais le plus grand boom est celui des restaurants chinois et thaïlandais. La cuisine chinoise est devenue une alliance unique de saveurs épicées d'Asie et de sauces, ce péché mignon des Indiens – le plat le plus populaire du moment est le « poulet à la manchoue », véritable innovation culinaire !

Parmi les changements importants, on note la multiplication des restaurants végétariens et l'offre croissante de mets végétariens dans la majorité des menus, ainsi qu'un penchant pour le fromage – on pourrait presque parler aujourd'hui d'une cuisine mexicaine revue à l'indienne. Voilà pourquoi cette édition inclut un curry de pommes de terre au fromage.

Le nouvel engouement pour les fruits de mer fait partie de cette évolution. À Mumbai, ville de tout temps tournée vers les produits de la mer, nombre de restaurants végétariens voués aux traditions culinaires de l'Inde du sud se sont reconvertis, sous l'impulsion de la jeune génération de propriétaires. Ils proposent aujourd'hui une cuisine de fruits de mer réactualisée : crabe, homards et crevettes tandoori en marinades d'épices façon Mangalore. De nombreux amateurs n'osent pas cuisiner des fruits de mer à la maison, faute du savoir-faire nécessaire. Ils trouveront plusieurs recettes dans cette nouvelle édition.

L'explosion des restaurant indiens dans le monde entier a provoqué l'exode de nombreux cuisiniers et chefs expérimentés, ainsi que de jeunes cuistots avec juste quelques années d'expérience à leur actif. C'est désormais à l'étranger que l'on trouve les meilleures toques ! Les grands navires de croisière recrutent en Inde, en raison de l'éventail des connaissances culinaires des professionnels. Les écoles hôtelières du pays ouvrent leur enseignement aux spécialités locales et organisent souvent des festivals gastronomiques dédiés à d'autres régions. Pourtant, séduite très tôt par l'attrait de l'étranger, la profession ne s'investit pas en Inde comme il serait souhaitable et manque de maturité et de créativité. D'ailleurs, si le pays compte nombre d'écoles hôtelières tant publiques que privées, il n'existe pas une seule école de cuisine digne de ce nom.

Au Royaume-Uni, où la politique d'immigration a été assouplie pour faciliter l'entrée de cuisiniers spécialisés, la table des restaurants indiens s'est considérablement améliorée au cours des cinq dernières années. Il en va de même pour la gamme de produits indiens disponibles en supermarché, fait remarquable quand on sait que la cuisine indienne présente plus de diversité régionale que nulle autre. Malgré tout, rien ne vaut la saveur d'un vrai curry élaboré dans les règles de l'art avec les épices appropriées. Pour les aficionados, quel plaisir de découvrir que l'on peut préparer chez soi des spécialités qu'on ne pourrait pas déguster ailleurs qu'au restaurant, à condition que la table soit authentique ! À moins de se faire inviter en famille à l'occasion d'un séjour en Inde !

Gombos en plein champ.

l'Inde culinaire

Au cours de son histoire, l'Inde a subi l'influence de maintes cuisines étrangères, conséquence des invasions et du règne des envahisseurs. Outre ces cultures, l'*Ayurveda*, ancien traité hindou sur la santé, a également exercé une influence majeure sur la cuisine indienne, comme l'ont fait les nombreuses autres traditions qui s'élaborent au fil du temps au sein de toute civilisation séculaire. Maintenant que les Indiens vont s'établir dans d'autres régions et que les restaurateurs ouvrent des établissements ailleurs que dans leur lieu d'origine, les cuisines locales commencent à se métisser. Les dynamiques Penjabis ont propagé leurs spécialités – poulet Tandoori, *naan*, poulet au beurre, *chole* et *tarka dal* – dans le pays tout entier et à l'étranger, et leur cuisine influe déjà sur les repas familiaux. Les traiteurs d'Udipi (un village près de Mangalore) ont donné au reste de l'Inde et à bien d'autres pays le goût des *idli*, des *dosa* et du café façon Madras. Cependant, de nombreux savoir-faire culinaires restent encore trop peu connus en dehors de leur région d'origine. Les frontières politiques du sous-continent furent dessinées en 1947, après l'indépendance du pays, et aujourd'hui, bien qu'on se réfère à la cuisine d'un État précis (défini essentiellement par sa langue), les frontières culinaires ne coïncident pas toujours avec les frontières politiques.

Comme toute autre, la cuisine indienne est fondée sur les produits régionaux. La côte de Malabar, dans l'État du Kerala, où poivre et épices composant le *garam masala* croissent à profusion, fait largement appel à ces condiments, et la plupart des plats keralais sont très relevés. Quand ce n'est pas le cas, il faut y voir la retenue des brahmanes, puisque pour eux les nourritures piquantes sont censées stimuler la sexualité et donc gêner la clarté et l'élévation des pensées. Voilà pourquoi la nourriture des brahmanes Namboodri est peu épicée. On voit là que religion et caste jouent un rôle important. L'hindouisme se divise en deux grands courants : les vishnouites et les shivaïtes, respectivement adeptes des dieux Vishnou et Shiva. S'il est vrai que les brahmanes des deux communautés sont en majorité végétariens, le végétarisme est nettement plus répandu chez les vishnouites. D'autres religions, tel le jaïnisme, mouvement hindouiste réformateur, prônent un strict régime végétarien.

La géographie joue elle aussi son rôle. Dans certaines régions côtières, notamment au Bengale et dans le Maharashtra chez les Saraswat, les brahmanes mangent du poisson sans être exclus de leur caste. Climat, niveau de revenus, traditions et croyances ont tous une influence sur la cuisine. Tout comme les préférences de goût, qui varient d'une communauté à l'autre. La nourriture des habitants de Nellore et de Telangana (dans l'Andhra Pradesh), de Chettinad (au Tamil Nadu) et des chrétiens de rite syrien (au Kerala) est terriblement épicée. Celle du Bengale-Occidental est peu relevée, alors qu'au Bangladesh, l'ancien Bengale-Oriental, elle est beaucoup plus pimentée – et pourtant il s'agit des mêmes plats. La cuisine du Gujarat est faiblement épicée et plutôt sucrée – les gens mettent du *jaggery* (sucre de palme) partout, y compris dans les mets salés –, mais au Rajasthan voisin, avec ses paysages arides, elle est nettement plus relevée.

Quant aux currys, les régions productrices de riz en comptent un grand nombre en sauces plutôt liquides, faites pour être accompagnées de riz, tandis que les régions de blé les préparent en sauces plus crémeuses, idéales pour servir avec des *roti* et des *paratha*. Sans être exhaustif, ce livre présente un aperçu des cuisines de l'Inde en soulignant leurs différences de goût caractéristiques. J'espère qu'il vous incitera à en explorer d'autres.

CACHEMIRE
HIMACHAL PRADESH
CHINE
PENJAB
PAKISTAN
HARYANA
NÉPAL
Yamuna
RAJASTHAN
UTTAR PRADESH
ASSAM
Gange
BANGLADESH
MADHYA PRADESH
BIHAR
MYANMAR
BENGALE
Narmada
GUJARAT
INDE
Tapi
ORISSA
Mahanadi
MAHARASHTRA
Godavari
Bhima
mer d'Oman
ANDHRA PRADESH
golfe du Bengale
Krishna
GOA
KARNATAKA
Kaveri
KERALA
SRI LANKA
MALDIVES

la philosophie de la cuisine indienne

L'Inde est un sous-continent, égal en superficie à l'Europe occidentale mais sans langue commune unique. Elle a une population deux fois et demie plus nombreuse, plusieurs systèmes d'écriture et de multiples religions. Il n'est donc pas facile de donner à sa cuisine une seule et même dénomination. Il faut tenir compte des différences de climat et de disponibilité des produits, des énormes écarts de revenus entre les gens, et aussi des différences de religion, de coutume, de tradition et de croyance.

Ce qui a le plus fortement influencé la cuisine de l'Inde, du moins pour les trois quarts de sa population, à savoir les hindous, est l'*Ayurveda*, un ancien traité sur la santé. *Ayur* est un dérivé de *ayus*, mot sanskrit qui signifie « longévité », et de *veda* qui signifie « connaissance ». Ainsi l'*Ayurveda* est la science de la longévité. Il puise ses origines dans l'*Atharvaveda*, un recueil datant d'environ mille ans av. J.-C. En 200 av. J.-C., un sage du nom de Charaka rédigea en sanskrit un traité médical, le *Charaka Samhita*, qui reprenait un texte plus ancien, l'*Agnivesa*, écrit par un sage du même nom en collaboration avec cinq autres, et qui exposait comment vivre longtemps sans maladie. *Samhita* signifie « recueil ». Il présente les origines de la médecine, une classification détaillée des maladies, l'ensemble des aliments et boissons, et fournit des précisions sur les traitements, l'usage de remèdes, régimes et règles de conduite qui permettent de rester en bonne santé. Au total cent cinquante chapitres, traitant chacun d'un domaine précis.

De nombreux autres textes furent composés au cours des siècles, et la doctrine ayurvédique se maintint et se diffusa comme une vigoureuse tradition scientifique jusqu'au XVIe siècle. Les textes ayurvédiques furent traduits en grec par Cridos (300 av. J.-C.), en tibétain et en chinois (300 apr. J.-C.) en persan (700 apr. J.-C.) et en arabe (800 apr. J.-C.).

L'*Ayurveda* ne se limite pas à la médecine ; il traite de tous les aspects de la vie. Il étudie le sens de l'existence, l'importance de la santé mentale autant que physique, propose une éthique de vie saine. L'objectif visé est le salut – maintenir le corps dans la meilleure forme possible et permettre une qualité de vie qui débouche sur une évolution après la mort. La vie est l'alliance du corps, de l'esprit et de l'âme, là est le sujet central de l'*Ayurveda*.

« Seul peut rester en bonne santé celui qui sait réguler son alimentation, ses exercices et ses loisirs, contrôler les plaisirs des sens, qui se montre généreux, juste, sincère et indulgent, qui s'entend bien avec ses proches. » Celui qui est heureux dans sa vie de famille, en quelque sorte. On s'étonne de ces observations faites voilà des siècles alors que scientifiques et penseurs d'aujourd'hui viennent seulement d'établir qu'un grand nombre de maladies étaient dues au refoulement des émotions, au chagrin et aux idées noires.

L'*Ayurveda* et la science occidentale n'ont pas la même compréhension des propriétés et des actions des aliments. Un produit comestible ne se réduit pas à sa seule biochimie. Ainsi l'huile végétale et la graisse animale, tel le *ghee* obtenu à partir du lait de vache, ne sont pas considérées uniquement comme des graisses, mais aussi en fonction de leurs actions respectives sur le corps, actions très différentes l'une de l'autre selon l'*Ayurveda*. Le *ghee* a un effet rafraîchissant sur le corps, contrairement à l'huile qui en attise le feu. Une autre vertu du *ghee* est d'assimiler les propriétés bienfaisantes des aliments auxquels il est mélangé en les ajoutant aux siennes propres qui demeurent inaltérées, alors que l'huile, en assimilant les propriétés d'autres aliments, subit une transformation.

Selon l'*Ayurveda*, le corps humain se compose de sept éléments physiologiques ou couches tissulaires. Ce sont le plasma (parfois appelé « peau »), le sang, les muscles, la graisse, les os, les nerfs et la moelle, auxquels s'ajoutent les fluides reproducteurs. De plus, il existe d'innombrables canaux qui alimentent les divers éléments constitutifs des tissus. Une bonne santé est synonyme de bonne circulation dans ces canaux et d'équilibre entre les sept éléments physiologiques.

Le corps possède aussi trois forces vitales fondamentales, ou humeurs biologiques. Dans l'*Ayurveda*, l'humeur est dite *dosha*, qui désigne ce qui est source de décomposition. Dosha se traduit par « bile », ce qui digère toutes choses, y compris la digestion mentale, c'est-à-dire la capacité à saisir la réalité. Les humeurs correspondent aux trois éléments que sont l'air, le feu et l'eau, lesquels sont appelés *vata, pitta* et *kapha* en sanskrit. *Vata* se traduit par « vent » et désigne tout ce qui est en mouvement – la respiration et les battements du cœur, par exemple ; *pitta* est le feu ; *kapha* enfin est le flegme, ce qui lie toutes choses.

L'*Ayurveda* explique que tout déséquilibre, toute aggravation des humeurs se traduit par des symptômes en provoquant diverses maladies. Les humeurs en excès circulent dans les canaux du corps en provoquant des dérèglements. Une maladie devrait d'abord être traitée par l'alimentation, le recours aux médicaments ne se justifiant qu'après, si nécessaire. Les traitements faisant appel aux aliments reposent sur six saveurs (*rasa* en sanskrit) : sucré, acide, salé, piquant, amer et astringent – chacune d'elles ayant son action thérapeutique particulière. Selon le cas, elles renforcent ou diminuent les humeurs. Chaque individu a besoin des six *rasas* dans des proportions qui varient selon sa propre constitution, son *dosha* dominant. Toute saveur en excès est néfaste, quelle que soit la constitution individuelle.

La saveur sucrée consolide les éléments tissulaires, est bénéfique sur le plan nutritionnel et harmonise l'esprit. Les aliments sucrés ne se limitent pas aux dérivés du sucre, ils incluent aussi le riz, le *ghee* et les fruits. Toutefois, ils sont lourds à digérer.

La saveur acide stimule le feu et les enzymes digestifs, et les aliments acides, comme le citron vert et le tamarin, sont faciles à digérer et bons pour le cœur. Il n'y a pas très longtemps que la diététique moderne a découvert que la vitamine C était bénéfique pour le cœur, or tous les aliments acides en contiennent ! Pour l'*Ayurveda*, est acide un produit qui l'est naturellement, et non pas ceux fabriqués par l'homme, comme le vinaigre.

La saveur salée stimule la digestion, libère les blocages dans les canaux physiologiques, active la sudation et augmente le pouvoir digestif ; mais elle tend aussi à épuiser les fluides reproducteurs. Un excès de sel favorise l'apparition des rides et des cheveux gris.

La saveur piquante, comme celle de l'oignon, de l'ail et du poivre, favorise la digestion, stimule le métabolisme et dilate les canaux physiologiques. Les aliments à saveur amère favorisent l'élimination des bactéries, purifient le sang et sont aisés à digérer. Ce sont par exemple la courge amère, les graines de fenugrec et le zeste de citron. Les aliments à dominante astringente, tels la feuille de bétel, la plupart des légumes verts et les substances tanniques comme le thé, ont la propriété de guérir les ulcères et les blessures. Ils ont un pouvoir asséchant, d'absorption de l'eau et des graisses.

Je trouve particulièrement intéressant de constater que les seules autres cuisines à accorder un rôle majeur aux saveurs acide, pimentée et astringente sont celles de la Thaïlande et des autres pays de l'Indochine, régions où les échanges maritimes ont permis l'assimilation des influences hindoues. D'ailleurs, la capitale de l'ancien Siam était Ayuthia, nommée ainsi d'après Ayodhya, capitale du royaume de Ram, dieu-héros de l'Inde du Nord, et la marque de l'hindouisme est visible dans les temples d'Angkor Vat. Le gingembre de Galangal (de saveur astringente et très présent dans la cuisine thaïe) est mentionné dans les anciens textes ayurvédiques comme une plante médicinale.

Si l'une des six saveurs est absente de l'alimentation, il en résultera une aggravation de l'humeur correspondante. Ainsi, on peut maintenant comprendre la raison de la complexité d'un repas indien, composé d'un plat où se mêle l'aigre et le piquant, d'un autre à base de yaourt, d'un soupçon de condiment amer et pimenté (souvent des achards de citron vert avec zeste), et d'un dernier plat sucré. Le *thali*, repas indien traditionnel servi dans plusieurs petits bols sur un grand plateau d'argent, est conçu pour répondre à ces subtiles exigences à respecter au quotidien.

L'*Ayurveda* classe les aliments et les remèdes en trois catégories :
1 premièrement, d'après leurs saveurs (*rasa*). Comme nous l'avons vu, elles agissent sur les différentes humeurs ;
2 deuxièmement, d'après leur pouvoir (*veerya*) d'action physiologique. Les aliments sont alors répartis selon qu'ils échauffent ou refroidissent le corps ;
3 troisièmement, d'après leur action spécifique sur le corps (*prabhava*). Ainsi, deux aliments ou deux remèdes peuvent se ressembler par leur saveur ou leur pouvoir, mais avoir une action spécifique différente : les figues et les dattes sont sucrées et échauffantes, mais seules les figues sont purgatives.

De même, tous les êtres humains sont classables en trois types psychologiques. Un individu n'est pas seulement constitué d'éléments de nature physique ou biochimique, mais aussi de composants de nature non apparente. Ces derniers régissent les réponses aux stimuli reçus par l'individu. Ce sont les qualités de *satva, rajas* et *tamas,* qui gouvernent les différences de réaction. *Satva* signifie « pur », ainsi l'individu à dominante satvique sera capable d'une réflexion profonde, assoiffé de connaissance véritable, doté d'une plus grande curiosité, et recherchera des moyens équitables pour l'emporter sur ses concurrents. L'individu de type rajasique sera avant tout un être d'action, travailleur et dominateur, prêt à tout pour réussir. Celui de type tamasique n'éprouvera même pas le désir d'apprendre ou de faire un effort, il n'aura pas la capacité intellectuelle nécessaire pour percevoir la gravité d'une situation donnée.

Un repas ordinaire typique : riz et dal, pommes de terre et légumes verts, yaourt, oignon cru, achards de lime et papad

Les diverses catégories d'aliments ont une influence sur ces trois principes. Une nourriture facile à digérer, composée de produits frais et mûrs cuisinés simplement et rapidement (mais pas au micro-ondes !), prise en quantité modérée, contribue à renforcer les qualités satviques. Celui qui se nourrit de la sorte est alerte, vif d'esprit et en harmonie avec la nature. Il réagit rapidement et saisit vite les choses.

Une nourriture très épicée, des aliments produits sous la contrainte (tels que les œufs de batterie) ou la viande de boucherie sont de nature rajasique. Celui qui mange ainsi perd la faculté de réagir aux niveaux les plus subtils et, avec le temps, il a besoin de stimuli de plus en plus forts pour parvenir à un niveau de compréhension profonde.

La nourriture à dominante grasse ou épicée, trop cuite ou manquant de fraîcheur a la préférence des individus régis par *tamas*, principe d'ignorance. Les produits de fabrication industrielle sont à inclure dans cette catégorie, car tous sont préparés longtemps avant d'être consommés.

Selon l'*Ayurveda*, les sciences qui s'intéressent aux maladies et à la santé devraient se pencher sur l'ensemble des facteurs qui déterminent le comportement, car les besoins diffèrent d'une personnalité à l'autre. La constitution mentale joue un rôle dans la lutte contre les maladies et la préservation de la santé.

Lorsqu'il prescrit un régime, un praticien ayurvédique tient compte de l'état d'esprit du patient, de sa constitution physique (son *dosha* dominant), de la saison (parce que les *doshas* réagissent différemment selon les saisons et que les aliments doivent de ce fait être adaptés en fonction de leurs propriétés échauffantes ou rafraîchissantes), et enfin de son état de santé. Il privilégie toujours les produits de saison, cultivés sur place. C'est ainsi que la nature équilibre les besoins du corps.

Les textes ayurvédiques décrivent aussi les méthodes de préparation et de consommation des aliments. La nourriture doit être élaborée avec amour et plaisir. Voilà pourquoi, même dans les familles riches, les femmes font souvent la cuisine, mais avec l'aide des domestiques à leur service.

Il faut manger dans le calme, à l'inverse du penchant occidental pour la convivialité et la conversation. Curieusement, l'*Ayurveda* n'interdit pas l'alcool. Bien au contraire, le *Charaka Samhita* énumère quatre-vingt-quatre sortes de préparations alcooliques censées fortifier le corps, l'esprit, les facultés digestives, et aussi combattre l'insomnie et le chagrin. Des observations pratiques qui restent aujourd'hui étonnamment actuelles, malgré l'âge de ces textes !

De même, le poisson ou la viande ne sont pas formellement exclus. En fait, le *Charaka Samhita* cite les viandes de chèvre, de poulet, d'antilope et de tortue comme étant particulièrement bonnes pour la santé. Cependant « nous sommes ce que nous mangeons », disent les *Upanishad*. Toute chair contient en elle la marque de la violence, les émotions négatives de peur et de haine en sont des composantes. Elle n'a donc pas sa place dans un régime satvique.

En règle générale, les enseignements ayurvédiques incitent à mener une vie pure permettant d'accéder à la clairvoyance et à la tranquillité d'esprit. La pureté physique implique un régime alimentaire sain de type végétarien à base de produits crus ou fraîchement cuisinés, d'eau et d'air purs, d'exercice doux tel le yoga, et d'hygiène corporelle. La pureté spirituelle implique les qualités de non-violence, de gentillesse et de compassion, ainsi qu'un moyen de subsistance qui ne nuise pas aux autres et soit utile à l'humanité.

pourquoi un repas indien ?

Les préférences alimentaires se mondialisent. Nous avons connu l'engouement pour le régime hautement protéiné, suivi par sa variante à base de viandes blanches. Maintenant le monde s'oriente vers le régime méditerranéen, à base d'hydrates de carbone, agrémenté d'huile d'olive, de tomates et de basilic. La cuisine thaïe, savoureux mélange d'herbes aromatiques, de piment, de gingembre et de citron, est de plus en plus appréciée.

La cuisine indienne réunit toutes ces caractéristiques. Elle est avant tout fondée sur les glucides, *chapati* de blé et riz formant la base de la nourriture. Le reste est, en un sens, un accompagnement – comme nous le verrons, le curry est un mets aromatique que l'on mange avec du pain indien ou du riz. Le *roti* indien est un pain de blé complet, qui, à la différence des pâtes, conserve tous les éléments bénéfiques de la graine. Traditionnellement, il est servi avec un peu de *ghee*, très prisé pour ses vertus sur la santé mais aujourd'hui remplacé par l'huile vierge. Le riz fourni par les régions productrices du sud est de type précuit, partiellement bouilli avec son enveloppe puis séché et passé au moulin, ce qui préserve mieux ses qualités que la variété raffinée.

Les légumes jouent sans doute dans la cuisine indienne un rôle plus important que dans toute autre, et un repas comprend toujours deux types de légumes (dont un vert). L'Inde offre d'ailleurs une diversité de légumes inégalée, ainsi que de multiples façons de les accommoder.

Les protéines aussi sont présentes dans l'alimentation, bien sûr, mais les Indiens recourent aux protéines des lentilles et des produits laitiers plutôt qu'à celles de la viande. Les légumineuses, ou *dal*, cuites à l'eau avec des tomates et des aromates, relevées d'épices et servies avec du riz, fournissent la juste proportion d'acides aminés qui constituent les protéines dites complètes.

Viande et poisson sont également consommés, mais en moindre quantité, bien épicés et aromatisés pour satisfaire le goût. On ignore généralement que, même chez les riches, la viande ne représente qu'une très petite part du repas – environ 120 grammes de viande blanche ou rouge ou de poisson (os ou arête compris). En général, un repas comprend 60 à 90 grammes de viande ou de poisson, une part de légumes et sans doute un légume racine (pomme de terre), une légumineuse et une céréale (blé ou riz), 2 à 3 cuillerées à soupe de *raïta* (yaourt battu aromatisé), un peu de chutney aux herbes fraîches (pour la chlorophylle) et un *cachumber* de légumes crus, oignons et tomates par exemple.

Le yaourt est capital, car il entretient la flore du système digestif. Un repas végétarien est plutôt de nature alcaline, ce qui est bien meilleur pour la santé. Mais, en Inde, même un repas non végétarien, de nature acide, se termine généralement par des fruits frais, ce qui rééquilibre l'alcalinité.

Comme dans la cuisine thaïe, le gingembre, le piment et une saveur amère sont essentiels, tout comme l'ail et de nombreuses épices. Ces dernières sont indispensables au bon fonctionnement des intestins : elles peuvent avoir une action anti-inflammatoire, comme le curcuma ; anti-bactérienne, comme les feuilles de cari ; digestive, comme le cumin et le clou de girofle ; anti-flatulente, comme l'asa-fœtida. Certaines épices ont des propriétés particulières : ainsi

les graines de coriandre sont diurétiques et le poivre noir assèche les mucosités. Le mélange d'épices produit une action combinée qui facilite la digestion et aide au nettoyage de l'intestin, ce qui est censé être la clé de la santé.

En termes de temps, la cuisine indienne présente certains avantages. Ainsi, plusieurs plats peuvent être cuisinés la veille, comme la pâte à pain ou le curry d'agneau, de poulet ou de poisson que l'on gardera au réfrigérateur ; en fait, les currys sont meilleurs réchauffés. Les lentilles peuvent également être cuites la veille, à condition d'être assaisonnées le jour même. Mieux vaut en revanche préparer les légumes juste avant de les servir, tout comme le *raïta* de yaourt ou le riz ; une fois cuit, celui-ci peut cependant être réchauffé et consommé le lendemain.

Aujourd'hui, nombre d'Indiennes qui travaillent préparent un mélange *masala (daag)* qu'elles peuvent garder deux semaines au réfrigérateur, ou plus longtemps au congélateur. Quand elles veulent servir un curry, il leur suffit de faire chauffer quelques cuillerées de ce mélange dans de l'huile, puis de faire revenir viande, poulet, poisson ou légumes pendant quelques minutes avant d'ajouter un peu d'eau, et le tour est joué. De même pour la cuisson de légumes « à secv», il suffit de mettre quelques cuillerées du mélange dans un wok, de verser 50 ml d'eau puis d'ajouter les légumes et de faire cuire à feu doux. La cuisine indienne est aussi très économique, car elle ne requiert pas des morceaux de choix. Comme nous l'avons dit, il est aisé de composer un repas avec juste un peu de viande associée à des légumes, des lentilles, du yaourt, du riz et des *chapati*. Avec quelques accompagnements de chutneys, de *cachumber* et de *papadam*, une table dressée pour un repas indien est très bien garnie.

Recette du *daag*, mélange de base pour curry à conserver au réfrigérateur ou au congélateur :

1 kg d'oignons
4 morceaux de gingembre frais d'1 cm
6 grosses gousses d'ail
3 à 4 piments verts
6 petites tomates
100 ml d'huile
4 cuillerés à café de coriandre en poudre
2 cuillerées à café de cumin en poudre
1 cuillerée à café de poudre de curcuma
1/2 cuillerée à café de garam masala
1/2 tasse de feuilles de coriandre (facultatif)

1 Émincer les oignons. Hacher le gingembre, l'ail et les piments. Réduire les tomates en purée.
2 Faire chauffer l'huile dans une poêle et y faire dorer les oignons jusqu'à ce qu'ils brunissent (environ 20 à 30 minutes). Ajouter le gingembre, l'ail et les piments et laisser revenir 3 minutes. Ajouter la coriandre en poudre et faire sauter 4 à 5 minutes, sans cesser de remuer, en ajoutant 2 cuillerées à soupe d'eau si le mélange attache. Puis ajouter le cumin, le curcuma et le *garam masala*. 30 secondes plus tard, ajouter la purée de tomates et les feuilles de coriandre. Remuer, ajouter 400 ml d'eau, 1 cuillerée à café de sel, et laisser cuire 15 minutes à feu doux.
3 Retirer du feu ; laisser refroidir complètement avant de mettre en pot et de réfrigérer ou de congeler. Pour 500 à 625 g de poulet, agneau, poisson ou légumes, utiliser un quart de ce mélange.

qu'est-ce qu'un curry au juste ?

Le mot *curry*, tel qu'il est employé en Inde aujourd'hui, signifie simplement « sauce ». Mais pas une sauce telle qu'on l'entend en Occident. Le curry indien s'obtient en faisant cuire une viande ou des légumes avec de nombreux ingrédients, dont des épaississants et un mélange d'épices, mais sans aucun ajout de farine.

On a beaucoup débattu, à propos du terme « curry », pour savoir s'il s'agissait d'un mot d'origine indienne ou d'une création anglaise. Les Tamouls (habitants du Tamil Nadu, en Inde du Sud, ayant Madras pour capitale) emploient le mot *kaari*. Dans la langue tamoule, qui possède douze voyelles, de légères variations d'accent tonique changent la signification d'un même mot. (*Kaari* fait en vérité partie du mot *Kaikaari* ; les différences de caste sont prises très au sérieux dans cet État, ce qui se reflète dans les différents sens du mot *kaari*.) Les brahmanes du Tamil Nadu, strictement végétariens, entendent par *kaari* un plat de légumes cuisinés avec des épices et un soupçon de noix de coco. Pour les communautés non végétariennes de cet État, *kaari* signifie « viande » et se prononce en accentuant la fin du mot, comme dans *kaaree*. Un plat de viande en sauce s'appelle un *kaaree kolambu, kolambu* signifiant « sauce ». **Le mot curry semble désigner à l'origine un plat de viande ou de légumes accompagné de riz, considéré comme mets de subsistance.**

Les Anglais établirent leurs premiers comptoirs et agences de commerce sur la côte occidentale de l'Inde, dans le golfe de Cambay, au début du XVIIe siècle. Mais au milieu du XVIIIe siècle, avec le développement des activités du général Robert Clive à Madras, la colonie anglaise implantée en ce lieu devint un florissant comptoir ; le XIXe siècle vit les femmes arriver d'Angleterre, et dans les familles qui se fondèrent on embaucha tout naturellement des cuisiniers et des domestiques présents sur place. Commencèrent alors l'emprunt et l'adaptation de spécialités régionales – ainsi le célèbre consommé anglais *mulligatawny* est une soupe tamoule, en fait un bouillon poivré dont le nom est formé sur *muloga* (« poivre ») et *tani* (« eau »). Aujourd'hui encore, les Anglo-Indiens de l'Inde du Sud préparent ce bouillon. Le curry de Madras devint synonyme de curry très pimenté, et les amateurs de ce mets qui rentrèrent par la suite en Angleterre furent à l'origine du commerce de la poudre de curry établi à Madras, où il fait encore florès.

Les cuisiniers des familles anglaises de Madras ne pouvaient pas être brahmanes, car ils auraient refusé de toucher des aliments non végétariens. Ils appartenaient vraisemblablement à des castes converties au christianisme, lesquelles acceptaient de faire cuire de la viande, bœuf ou porc. Pour eux, un curry se définissait comme un plat de viande servi avec du riz.

Dans l'Inde du Nord, au Penjab particulièrement, *khadi* désigne un plat en sauce à base de poudre de pois chiche et de yaourt, généralement servi avec des boulettes. Au Gujarat, ce mot désigne une sauce au yaourt que l'on mange avec du riz. Pour les Sindhi, le curry est un plat de lentilles composé de *toor dal* et de farine de pois chiche, servi traditionnellement au déjeuner du dimanche avec un assortiment de légumes, accompagné de riz et de pommes de terre sautées. Pour les musulmans de la communauté Bori de Mumbai, le *kaari* est un mets à base de pois chiche et de cacahuètes en poudre agrémenté de viande, poulet ou autre.

Le curry est un plat en sauce qui se marie très bien avec le riz. Puisque la croyance générale est que les Indiens mangent du riz à tous les repas, peut-il y avoir un repas sans curry ?

En fait, le riz ne figure pas toujours au menu, sauf dans l'Inde du Sud et au Bengale, et pour les Gujaratis les plus aisés qui ne manquent jamais d'en prendre avec leur *thali*, après leur galette, *poori* ou *chapati*. Dans le reste du pays, on se contente de *roti*, galettes de blé ou de millet faites maison, et il faut une grande occasion pour servir du riz avec un *roti*, habituellement trempé dans les lentilles ou les légumes en jus pour remplacer un plat en sauce ou un curry. De même, le riz est communément consommé avec des lentilles, accompagnées d'un légume. Chez les plus riches, un plat de viande ou de poisson peut être proposé en plus du *dal* et du riz, mais ce n'est pas le menu quotidien. L'important est de comprendre que riz et curry ne sont pas indissociables.

En composant son menu, une ménagère qui choisit de faire un curry pour accompagner du riz et/ou un *roti* plutôt qu'un *dal* liquide ou une sauce au yaourt *(dahi khadi)* servira alors les autres légumes sans jus, et préparera un *dal* plutôt sec en garniture. Pour nourrir davantage de bouches, elle préférera servir un curry plutôt qu'un plat de viande. Un curry d'agneau ou de poulet sera encore plus économique si l'on y ajoute des légumes, pommes de terre, navets ou épinards, par exemple. Le curry doit être en harmonie avec les plats qui l'accompagnent, en termes de consistance, couleur, saveur et assaisonnement. Si les autres plats sont de couleur brune ou jaune, un curry vert tel qu'un curry de viande aux épinards conviendra bien. Si le curry est à dominante brune, il se mariera bien avec un *dal* jaune et un légume vert.

En un sens, la cuisine indienne ressemble à la musique traditionnelle de ce pays. Elle s'est transmise sans règles écrites de génération en génération. Voilà pourquoi les currys, comme d'autres plats, se sont toujours prêtés à l'improvisation. En l'absence de normes strictement établies – il y a autant de recettes que de bonnes cuisinières pour un même curry –, il faut vraiment chercher la version la plus savoureuse d'un plat particulier. C'est ainsi qu'est né ce livre. Choisir une bonne recette est une affaire subjective, vous êtes donc libre de la modifier pour l'adapter à votre goût. C'est ce qui rend la cuisine indienne si intéressante. En plus de sa très grande variété, elle offre une immense souplesse. N'hésitez pas à concocter le mélange qui vous convient, à augmenter ou à réduire tel ingrédient… L'essentiel est de comprendre ce que cet ingrédient vous apporte.

comment faire un curry

Avant de faire un curry, il faut d'abord **choisir un ustensile de cuisson avec un revêtement intérieur adapté**. La plupart des currys ayant un certain taux d'acidité, tout ustensile en cuivre ou en laiton devra être étamé. L'acier inoxydable réagit mieux que l'aluminium ou l'émail, mais le fond devra être épais pour empêcher les épices d'attacher. Traditionnellement, les marmites en cuivre utilisées en Inde étaient périodiquement ré-étamées. Dans le sud de l'Inde, on se sert encore d'ustensiles en terre cuite, particulièrement pour les currys de poisson qui ont une acidité prononcée. Comme la terre cuite non émaillée « respire », il y a circulation d'air, ce qui permet de conserver le curry quelque temps sans réfrigération malgré la chaleur. Pour le poisson, il faut un faitout large mais peu profond, afin d'éviter que les morceaux ne se chevauchent. Pour un curry très liquide, mieux vaut un faitout à hauts bords. Une cocotte en faïence résistante à la chaleur est idéale pour cuisiner toutes sortes de currys, de même que les sauteuses à bords évasés qui permettent de faire dorer les épices. Les ustensiles à revêtement antiadhésif conviennent bien pour faire revenir oignons et épices.

Tous les currys contiennent un **ingrédient** principal : viande rouge ou blanche, œufs, légume particulier tel que pommes de terre, aubergines, champignons, ou légumes en mélange comme petits pois, carottes et haricots verts ou encore pommes de terre et choux-fleurs.

On commence presque toujours par faire chauffer de la graisse. Traditionnellement, les Indiens préfèrent utiliser du *ghee*, un beurre clarifié censé être plus nutritif et donner meilleur goût aux aliments. Le *ghee* parfume en effet merveilleusement, mais aujourd'hui il est généralement remplacé par l'huile, par crainte du cholestérol. Dans l'ouest de l'Inde, l'huile d'arachide est d'usage courant ; au sud, c'est l'huile de sésame qui domine tandis qu'au Cachemire et au Bengale l'huile de moutarde prévaut. Les huiles de tournesol et de maïs sont également de plus en plus couramment utilisées. Le choix vous appartient. La première étape d'un curry étant de faire revenir les épices et les oignons, le beurre ne convient pas car il brûle très vite. La quantité d'huile dépend de la forme du récipient. Si vous en avez mis trop, faites refroidir le curry au réfrigérateur : la graisse se solidifiera en surface et s'éliminera facilement.

Le *ghee* s'achète tout prêt. Vous pouvez aussi le préparer en faisant fondre du beurre doux à tout petit feu pendant quarante à cinquante minutes, jusqu'à ce que les solides brunissent. Tamisez dans une étamine ou une toile à beurre, et gardez au réfrigérateur. Le temps de cuisson dépend de la teneur en eau du beurre.

Dans la cuisine occidentale, une sauce est généralement composée de deux ou trois ingrédients principaux. Les sauces classiques sont soit à base de beurre et de farine, soit à base de bouillon et de crème auxquels on ajoute du vin. Exception faite du bouquet garni ou des fines herbes, les aromates sont rarement utilisés en mélange.

Le curry contraste de bien des façons avec cet usage. **Quand il n'est pas végétarien, le fond de sauce est toujours un bouillon.** Pour corser la saveur du curry, les Indiens y incorporent toujours viande, volaille ou poisson (nous adorons sucer les os en mangeant), ainsi que quelques morceaux gélatineux qui donneront du corps à l'ensemble. Pour une saveur plus prononcée, ajoutez un os à moelle.

Vient ensuite le deuxième élément de base, qui sert d'épaississant et permet d'obtenir la consistance désirée : que ce soit des oignons, du lait de coco, des graines ou des noix réduites en poudre, tous rehaussent la saveur du plat et lui donnent du corps. La farine, trop fade, n'est pas employée.

Selon la façon de l'utiliser ou de le combiner à d'autres pour obtenir texture, consistance, saveur, couleur et arôme désirés, le même ingrédient peut avoir une fonction double ou différente d'un curry à l'autre. Les oignons, par exemple : en purée ou légèrement dorés, ils serviront d'épaississant, alors que, revenus plus longtemps, ils donneront aussi leur couleur brune au plat. De même, le yaourt peut apporter de la consistance à tel curry et agir comme acidifiant dans tel autre, surtout si la recette requiert un yaourt fait la veille. Ainsi, pour bien comprendre une recette de curry, il faut expliquer le rôle joué par chaque ingrédient. L'action de chacune des épices est un peu plus complexe. On peut comparer les épices à des notes de musique et se rappeler que toutes les mélodies (tous les currys) sont composées à partir des même notes (ou épices).

1 Le choix des épices : il détermine l'ensemble du goût et des arômes.
2 L'ordre dans lequel on introduit les épices est important, ainsi que le temps de cuisson permettant à chacune de libérer son arôme.
3 Le mode d'utilisation des épices : on peut les faire dorer ou les ajouter en cours de cuisson. C'est ce qui donne sa tonalité au curry. Revenues dans l'huile, les épices dégagent une note plus forte que simplement cuites dans la sauce.

L'ordre dans lequel on introduit les épices est important, car chacune libère son arôme différemment sous l'action de la chaleur. Certaines réagissent en quelques secondes, d'autres ont besoin d'être chauffées une minute ou plus. Si on fait dorer toutes les épices ensemble, certaines vont brûler et d'autres, pas assez cuites, ne dégageront pas leur parfum. C'est dans l'huile chaude que la libération des arômes est la plus forte. Cette réaction diminue dès qu'on mouille le mélange, y compris par ajout d'oignons crus ou de tomates, ou bien sûr d'eau ou de tout autre liquide.

Voilà pourquoi on fait d'abord revenir les oignons, ce qui réduit leur teneur en eau, avant d'incorporer les épices. D'où l'importance de suivre les recettes à la lettre, en respectant l'ordre donné pour les épices, afin d'obtenir les arômes désirés.

Ceux qui s'y connaissent un peu en cuisine indienne, ou qui l'apprécient, mesureront l'importance du mot *bhuna*. Il signifie faire revenir les épices soit seules, soit en mélange avec de la viande ou des légumes, sans cesser de remuer, afin qu'elles restent en contact avec l'huile chaude et le fond du récipient mais n'attachent jamais. Ce procédé de **rissolage**, si efficace pour imprégner l'huile du parfum des épices, est au cœur de tout curry. Dans certaines recettes, on introduit les épices après avoir fait le *bhuna*, une fois que l'eau ou les ingrédients chargés d'eau ont été ajoutés. On procède ainsi quand les épices sont appelées à jouer un rôle secondaire dans la partition. Voilà aussi pourquoi, dans les restaurants, la cuisine indienne contient beaucoup d'huile : si on en utilise peu pour confectionner le *bhuna*, il faut remuer sans arrêt pour éviter que les épices attachent, ce qui prend du temps ; si, en revanche, on les recouvre d'huile, on peut faire marcher trois ou quatre currys en même temps sans crainte. Les professionnels mettent aussi beaucoup d'huile parce qu'elle aide à la conservation des aliments non réfrigérés, lorsqu'ils cuisinent le matin un plat qui sera servi le soir ou le lendemain.

De nombreux auteurs culinaires et chefs de renommée internationale se sont dits très surpris de retrouver les mêmes épices dans presque tous les plats, alors qu'en Europe l'assaisonnement diffère d'un plat à l'autre. Les spécialités de curry présentent une grande complexité de saveurs, obtenues par l'emploi de toute une gamme d'aromates. C'est la **proportion relative des épices**, leur mode d'utilisation, ainsi que **l'équilibre entre les aromates et les autres ingrédients** qui permettent d'obtenir la saveur finale. Si, par exemple, une recette contient beaucoup de piment rouge mais également du lait de coco, la douceur du lait équilibrera la force du piment ; s'il y a plus de coco que de piment, on obtiendra une délicieuse symphonie de saveurs.

Tout curry comporte généralement un ingrédient qui lui confère sa **couleur** caractéristique, et un autre sa note acide, élément qui joue un rôle majeur dans le mélange complexe de saveurs. Nous verrons cela en détail plus loin. Une autre remarque importante concerne l'**intensité de la cuisson**. Traditionnellement, le curry était cuisiné sur un feu de bois ou de charbon. Aujourd'hui encore, les meilleurs repas préparés pour les grandes occasions sont mis à cuire ainsi dans de grandes marmites en cuivre ou en laiton. Après avoir fait le *bhuna* sur feu moyen, le curry doit ensuite mijoter à tout petit feu, à couvert, pour préserver les arômes. En fin de cuisson, il est d'usage de poser deux ou trois braises sur le couvercle pour que la marmite bénéficie d'une chaleur régulière par le haut et par le bas.

les épaississants

De nombreux ingrédients servent d'épaississants, le plus courant étant l'oignon.

L'oignon

Les oignons s'utilisent en hachis fin ou grossier, en rondelles ou en purée. La proportion d'oignons par rapport à l'ingrédient principal sera déterminante pour la douceur de l'ensemble et pour la consistance de la sauce. Plus les oignons sont hachés fin, moins il faut les faire revenir ou cuire pour obtenir un liant parfait. Les oignons peuvent être réduits en purée avant d'être mis à sauter ou parfois cuits sans huile, à l'étouffée, pour obtenir une sauce plus épaisse, avec du corps. Cette technique, plus usuelle dans les cuisines de restaurant, est dénommée «bouillie d'oignons» par les chefs. Plus on fait revenir les oignons, plus ils se colorent, et plus le curry sera brun. On peut aussi les faire frire pour les rendre croustillants, puis les passer au mixeur avant de les incorporer à la sauce. On obtient ainsi de bons résultats en saveur et consistance (voir la recette du *korma* de gigot d'agneau).

Quand les oignons sont juste blondis, ils donnent un goût plutôt douceâtre au curry. Certaines variétés, tels les oignons doux, sont trop sucrées pour la préparation d'un curry. Du point de vue du goût, les meilleurs sont les oignons de France ou les petits roses anglais.

On fait souvent revenir ensemble oignons, gingembre et ail. L'ail brunissant plus vite que l'oignon, mieux vaut l'incorporer en dernier. Chaque recette indique précisément le temps de cuisson.

Le yaourt

Le yaourt (appelé caillé en Inde) donne du corps au curry et une consistance crémeuse, mais les Indiens l'emploient surtout comme acidifiant (voir page 30).

La crème (*malai*) et le yaourt égoutté

Dans certaines régions, notamment dans la plaine du Gange, on utilise de la crème, appelée *malai* dans le nord de l'Inde. Elle fut introduite dans la cuisine moghole sous l'influence de la cuisine de cette région de production laitière des environs de Faizabad et de Lucknow. Le yaourt est aussi employé sous forme concentrée, après avoir été égoutté dans un linge pour filtrer le petit-lait. Ainsi traité, il ne fait pas de grumeaux en cuisant.

Le lait de coco

La pulpe de noix de coco est réduite en purée avec des épices, ou râpée puis mise à tremper 30 minutes dans de l'eau, ou encore mixée pour en extraire le lait. La première extraction donne un jus épais. En faisant tremper alors la pulpe râpée dans de l'eau chaude, on obtient un second jus plus clair, qui permet de laisser mijoter le curry plus longtemps sans le rendre trop huileux. En suivant les recettes, respectez attentivement la méthode d'utilisation du lait de coco.

On peut aussi se servir de crème de coco en conserve ou en bloc, de noix de coco râpée ou de lait de coco en poudre (Nestlé). La noix de coco déshydratée congelée a souvent un goût sucré parce qu'en Europe on l'emploie surtout en dessert. Mais la noix de coco fraîche est sans conteste la meilleure. Quand vous en achetez une entière, secouez-la pour vérifier qu'elle contient de l'eau, ce qui est signe de fraîcheur.

Utilisation de la noix de coco

Les currys à base de noix de coco sont de rigueur dans la moitié sud du sous-continent. La noix de coco s'utilise de deux manières : elle peut être moulue (parfois préalablement râpée et grillée) et mélangée à d'autres épices, après quoi on fait revenir cette pâte épicée dans de l'huile ; ou bien on en extrait le lait en délayant la pulpe émincée ou râpée dans de l'eau, puis en émulsionnant la préparation au robot avant de filtrer. Dans ce cas, on fait dorer les épices avant de les incorporer au lait de coco.

Les préparations industrielles ne reproduisent pas vraiment le goût de la noix de coco fraîche. Il est dommage qu'on ne puisse toujours pas trouver en supermarché de noix de coco fraîche râpée (la noix de coco déshydratée disponible au rayon congelés est un peu sucrée) ou moulue, ce qui serait bien utile tant pour la cuisine indienne que pour la cuisine thaïlandaise ou indonésienne. On extrait tout aussi aisément le lait de la pulpe noix de coco fraîche, en la passant au mixeur avec de l'eau ou par simple trempage.

J'ai essayé de remplacer les produits frais par de la poudre de noix de coco déshydratée, mais sans grand succès. Seule exception : la noix de coco en poudre de Nestlé, qui remplace assez bien le lait de coco. Dans les autres marques, on trouve une grande variété de goûts et de qualités.

Pour ouvrir une noix de coco fraîche, cassez-la au marteau ou en la frappant sur un sol dur. Prévoyez un bol pour recueillir l'eau qu'elle contient. Selon une superstition de l'Inde du Sud, on ne doit jamais casser une noix de coco après le coucher du soleil, soit après sept heures du soir. Mais tous les événements heureux se marquent en fendant une noix de coco par terre – l'équivalent du ruban que l'on coupe en Occident pour une inauguration. Une fois la noix cassée, il faut détacher soigneusement la pulpe de la coque à l'aide d'un couteau à lame arrondie. Puis il faut détacher la peau brune, difficile à râper. Il est préférable de râper la pulpe, mais plus rapide de la moudre. Un bon moulin devrait suffire, mais il vaut mieux d'abord couper la pulpe en petits morceaux et ajouter un peu d'eau (ou de vinaigre, si la recette le demande).

Un curry à base de noix de coco ne se conserve pas plus de huit heures à température ambiante sans rancir. Il se garde au maximum deux jours au réfrigérateur, et se congèle très bien.

oignon rose

yaourt

noix de coco

amandes

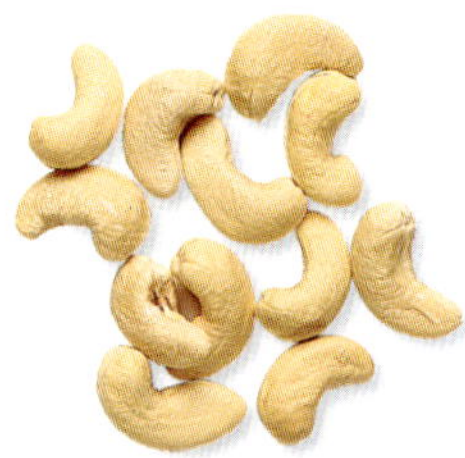
noix de cajou

cacahuètes

graines de pavot blanches

farine de pois chiche

chaar magaz

graines de sésame blanches

pois chiches grillés

lentilles

Les noix et les graines

Amandes, noix de cajou et cacahuètes s'utilisent parfois dans les currys, non seulement pour leur pouvoir épaississant, mais aussi pour leur saveur. Les amandes, probablement introduites dans la cuisine indienne par les Moghols, sont très courantes dans les véritables spécialités régionales, tant à Delhi que dans la plaine du Gange. Elles sont devenues très chères ces dernières années, et comme l'Inde a aujourd'hui une grosse industrie de transformation de noix de cajou brutes importées d'Afrique du sud-est (Tanzanie et Mozambique), ces dernières remplacent peu à peu les amandes, même dans les plats traditionnels. Ce livre présente une recette de *korma* aux pistaches (page 110) sans doute d'origine moghole.

Les cacahuètes, dont la culture est très répandue au Gujarat, sont très couramment employées en cuisine dans cette région et autour de Mumbai. Elles servent à la fois à épaissir les currys et à en relever la saveur.

Les graines de pavot blanches sont un autre ingrédient favori, utilisé surtout comme épaississant dans la cuisine moghole et d'Hyderabad, ainsi que dans les plats des communautés musulmanes de Mumbai et du sud de l'Inde.

Les graines de moutarde sont un épaississant moins habituel. Seules quelques recettes utilisent comme telles ces graines et celles de *methi* (fenugrec) pilées. Au Bengale, les graines de moutarde écrasées sont d'usage courant, surtout aromatique, mais en grande quantité il est vrai qu'elles donnent aussi du corps au curry.

Les graines de potiron et de melon, autre ingrédient utilisé dans les recettes princières de Delhi et des plaines du Gange, sont appelées *chaar magaz. Chaar*, qui signifie «quatre», est un mélange de quatre sortes de graines : melon, potiron, courge et pastèque. Pilées avec un peu d'eau jusqu'à obtention d'une pâte, on les emploie pour donner consistance au curry et y mêler leurs arômes.

Les graines de sésame, ou *til*, sont issues d'une plante indigène. Les graines blanches pilées, qui figurent dans les mets européens et du sud de l'Inde ainsi que dans la cuisine musulmane de Mumbai et d'Hyderabad, confèrent une saveur unique aux aliments. Toujours employées en petite quantité, elles n'ont pas de réel pouvoir épaississant, sauf en mélange avec d'autres ingrédients. Très courantes dans les desserts, on les consomme davantage en hiver en raison de leurs propriétés échauffantes. Au Maharashtra, on distribue des *ladoos*, petites boulettes de sésame sucrées au *jaggery* (sucre de palme), entre amis et parents à l'occasion de *Makar Sankrant,* jour où le Soleil entre dans la constellation du Capricorne – début du solstice d'hiver.

Les lentilles

Les lentilles *(dal)* sont utilisées comme épaississant soit sous forme de farine, soit cuites séparément puis réduites en purée. Les mets tels le *dhansak* parsi, le *dal gohst* de l'Inde du Nord, le *dalcha* d'Hyderabad, le *khichda* des musulmans Bori et le *haleem* sont tous des exemples de plats de viande aux lentilles.
Vous trouverez dans ce livre les recettes du *dhansak* et du *dalcha*(pages 98 et 114). La spécialité sindhi de la page 166 est un curry de *dal* végétarien.

comment colorer un curry

Les ingrédients qui donnent sa couleur au curry sont :

1 Le curcuma : **jaune vif.**

2 Le safran : **jaune orangé.**

3 Les piments rouges : **rouge brique.** Pour la variété dite *kashmiri* : **vermillon.**

4 Les feuilles de coriandre, en grande quantité : **vert.** Cette teinte fonce aisément lorsqu'on prolonge la cuisson.

5 Les tomates : **rose** en mélange avec du yaourt, et **tirant sur le rouge** quand elles sont utilisées seules.

6 Les oignons : **brun foncé** (en grande quantité), et **plus sombre** si on les fait revenir en ajoutant peu d'eau.

7 La poudre de coriandre : **brun foncé** lorsqu'on la fait revenir 5 à 6 minutes.

8 La poudre de *garam masala* : **brun foncé** lorsqu'on la fait revenir 1 minute.

Si ces épices sont utilisées ensemble, la couleur finale dépendra de leurs proportions par rapport aux autres ingrédients.

Champ d'oignons au Cachemire ; dans la confection d'un curry, il importe de bien faire revenir les oignons.

curcuma

safran

colorant kashmiri

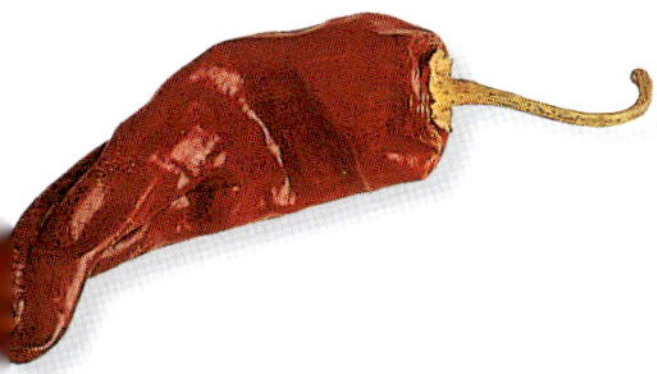
piment kashmiri

feuilles de coriandre

tomate

oignons frits

poudre de coriandre

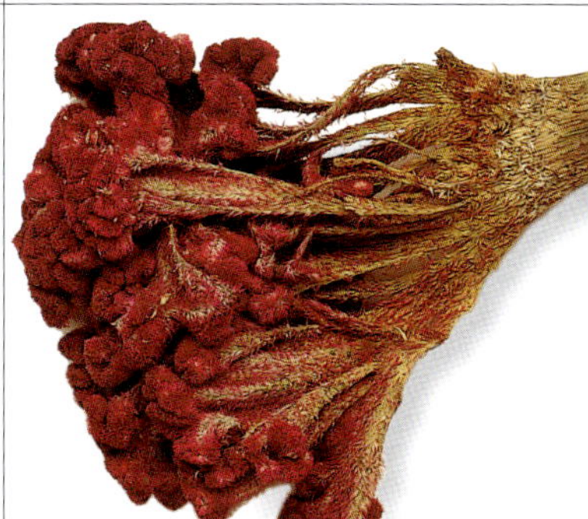
fleur de crête-de-coq

colorant tandoori

eau colorée par la crête-de-coq

pétales de crête-de-coq

les acidifiants

Sachant que le curry est un subtil assemblage de saveurs et que l'une des dominantes est souvent aigre, de nombreux currys contiennent un élément acidifiant qui se mêle à la saveur forte des piments et à la douceur des oignons, du yaourt ou de la noix de coco pour donner une agréable note piquante. Les acidifiants figurent couramment dans les currys hindous. Ils sont absents de la cuisine moghole, à l'exception de celle des musulmans d'Hyderabad qui apprécient la saveur aigre – leur nourriture est un délicieux mélange de traditions culinaires mogholes et de la région du Deccan.

La tomate

Introduite en Inde au XVIe siècle par les Portugais, sa culture ne se généralisa pas avant le XXe. De nos jours, la tomate est cultivée toute l'année dans l'ensemble du pays. Sa couleur, sa saveur et la note d'acidité qu'elle apporte ont fait d'elle un ingrédient incontournable de la cuisine indienne.

Même mûre, la tomate indienne garde une certaine aigreur, plus prononcée que chez ses cousines européennes ou américaines. Sa teneur en acidité est d'ailleurs beaucoup plus élevée. Pour cuisiner un curry, évitez les tomates italiennes, trop sucrées.

Le yaourt

En Inde, le yaourt est toujours fait maison, généralement au quotidien. On mélange un peu de ferment à du lait chauffé puis tiédi, et on laisse reposer jusqu'au lendemain. Grâce au climat tropical, le yaourt prend facilement.

Il n'est pas rare que la ménagère indienne fasse un curry avec du yaourt qui a suri par inadvertance. Pour faire surir un yaourt en vue de la réalisation d'un plat particulier, procédez comme ceci :
(a) utilisez un ferment déjà aigre pour faire le yaourt ;
(b) augmentez la quantité de ferment, soit environ 2 cuillerées à soupe par demi-litre au lieu d'1 ;
(c) mélangez le ferment au lait encore un peu chaud ;
(d) laissez reposer dans un endroit plutôt chaud. Une bouteille Thermos préalablement tiédie sous l'eau chaude convient bien à la confection du yaourt ;
(e) préférez le lait écrémé au lait entier.

Quand le yaourt commence à surir, des gouttelettes d'eau apparaissent en surface ; plus le yaourt surit, plus elles sont nombreuses. Quand il atteint le degré d'aigreur désiré, mettez-le au réfrigérateur pour le stabiliser.

tomate

yaourt

vinaigre

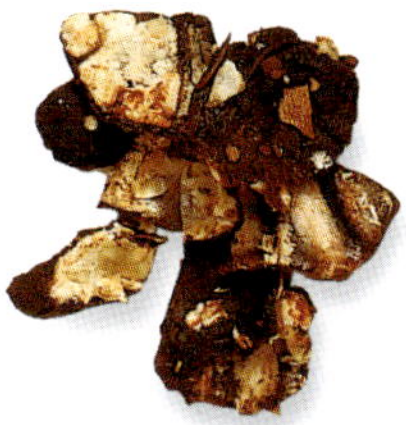

tamarin

tamarin *(garcinia cambogia)*

lime

cocum

mangue

kaachri

graines de grenade

poudre de mangue

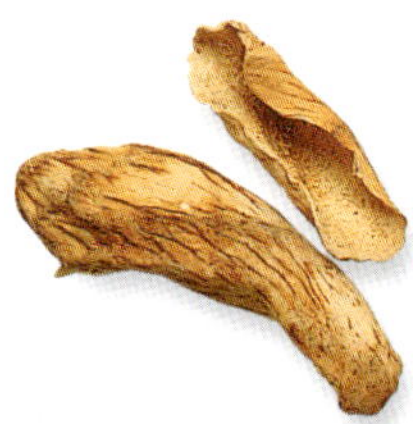

mangue séchée

Le vinaigre

C'est avant tout dans les régions sous influence portugaise – Goa, Mangalore, Kerala – et dans les mets anglo-indiens et parsis que le vinaigre figure en cuisine. Les Indiens de la côte ouest utilisent un vinaigre de noix de coco – son plus proche parent occidental serait le vinaigre de cidre. Les parsis emploient un vinaigre de mélasse fabriqué à partir de la canne à sucre.

Le tamarin

Dans l'Inde du Sud, l'acidifiant le plus utilisé est le fruit du tamarinier, un grand et bel arbre. On ramasse les gousses, puis on fait sécher les graines qu'elles contiennent. Avant cuisson, la pulpe acide est mise à tremper dans de l'eau afin d'en exprimer le jus. C'est ce jus de tamarin qui sert pour le curry. Dans certaines recettes de Goa et de Mangalore, la pulpe de tamarin est écrasée avec les épices. On trouve cet ingrédient dans toutes les épiceries indiennes et certains supermarchés.

Le lime (ou citron vert)

L'Inde est le pays d'origine du lime et du citron, mais de nos jours le lime, d'ailleurs souvent appelé « citron », est beaucoup plus courant. Ainsi, un citron pressé sera en fait un jus de lime. Cet agrume, qui se dit *nimbu* en hindi, entre dans la réalisation de certains currys. Le jus de *nimbu* est ajouté seulement avant de servir afin que la viande ne durcisse pas en cours de cuisson.

Le kokum

Le kokum, fruit d'un arbre de la côte occidentale de l'Inde, contient une grosse graine entourée d'une chair violet foncé. Il donne une couleur violacée et une saveur acide aux aliments. Les Sindhi l'emploient dans le curry de pois chiche, et les hindous de Goa dans les plats de poisson. Sur la côte ouest de l'Inde, on en fait aussi des granités : ces boissons glacées rafraîchissantes sont à base de fruits, d'huiles et d'herbes aromatiques, par exemple mangue, lime, litchis, amandes et rose. Le kokum a une remarquable action antiallergique et est censé guérir l'urticaire.

La mangue fraîche

L'été, les mangues *(kairi)* poussent partout en Inde. Deux ou trois mois avant la saison, dès la mi-mars, les marchés regorgent de toutes sortes de mangues vertes. Elles servent à préparer achards et chutneys et, finement émincées, s'emploient comme condiment. Au printemps, on utilise les parties charnues des mangues comme acidifiant dans les currys et les *dal*. Ces « joues » peuvent aussi être séchées au soleil puis réduites en poudre, on les appelle alors *amchoor* (de *aamb* pour « mangue » et *choor*, « poudre »). L'*amchoor* est utilisé uniquement comme condiment, à saupoudrer sur un en-cas *(chaat)* de légumes sautés ou un *dal*, jamais durant la cuisson.

de l'usage des épices

La poudre de curry telle qu'on la trouve aujourd'hui en Occident a été inventée à Madras pour l'exportation, afin de satisfaire la demande des Anglais qui, comme nous l'avons vu, ne pouvaient plus vivre sans currys. En Inde, l'usage des épices est chose très personnelle, les filles apprennent en observant leur mère ou leur grand-mère. À chaque région et à chaque cuisine locale correspond une palette d'épices traditionnelle. Les cuisiniers de métier connaissent très bien les épices et savent exactement ce qu'ils peuvent faire ou ne pas faire avec elles. Ainsi, le poivre est bien employé au Kerala et dans l'extrême sud de l'Inde, régions productrices, tandis que la cuisine de Lucknow est renommée pour son usage de l'essence de fleur de kéora.

Cela dit, et contrairement à la croyance générale, la poudre de curry figure, sous diverses formes, dans les traditions culinaires indiennes. Dans tout l'ouest du Maharashtra, la poudre de *masala* (voir pages 48-49) se prépare d'avance, même si sa composition varie. Le *kaala masala*, poudre de *masala* noire utilisée dans de nombreux mets, mêle poivre, clous de girofle, cannelle et autres épices de couleur sombre.

Dans l'est de l'Inde, les chrétiens de Mumbai et de Bassein font une poudre de curry composée d'une trentaine d'épices, dont certaines très peu connues. À la différence de la poudre du commerce, cette préparation résout le problème des variations de cuisson des épices, car chacune est revenue séparément, le temps qu'il convient, avant d'être pilée. Confectionnée juste avant la saison chaude, on la conserve une année entière bien tassée dans de grandes bouteilles vertes. Voilà pourquoi ce mélange s'appelle «*masala* en bouteille», bien qu'il s'agisse de poudre de curry. De leur côté, les Chettiars du Tamil Nadu font sécher diverses épices au soleil en mars et avril, ainsi que des oignons, pour réaliser des boulettes de poudre de curry de la grosseur d'une bille, roulées dans l'huile et conservées une année entière. On les appelle *kaarivadagam* : l'huile contribue à leur conservation.

Toutefois, les épices sont le plus souvent employées séparément. Très prisées autrefois pour leurs vertus médicinales et préservatrices, les épices séchées servent aujourd'hui surtout à relever le goût et l'arôme des aliments et pour leurs vertus digestives.

Le broyage des épices

C'est une étape très importante de la réalisation d'un curry. Si les épices ne sont pas correctement pilées, on n'obtiendra ni la texture ni la saveur désirées. Jadis, en Inde, le cuisinier de toute grande maison avait un aide, appelé un *masaalchi*, préposé au broyage des épices. Aujourd'hui, dans les restaurants et les cuisines des hôtels, les chefs veillent jalousement sur leurs mélanges d'épices et mettent eux-mêmes les quantités voulues dans les moulins pour garder le secret des proportions.

Il n'y a pas de famille indienne, si modeste soit-elle, qui ne possède sa meule. C'est un morceau de granit muni d'une sorte de large rouleau à pâtisserie. Dans certains coins du sud de l'Inde, la meule ressemble à une cuvette ronde évidée au centre, et c'est l'extrémité du rouleau qui sert à écraser les épices. Il faut appuyer très fort pour réduire les épices en poudre fine. La plupart des Indiens vous diront qu'il y a une énorme différence de goût entre des épices broyées à la meule et celles passées au moulin électrique. Il existe un modèle réduit de meule équipée d'un moteur électrique : son usage est répandu surtout dans le sud pour broyer le riz et les lentilles destinés à la confection des *idli* et des *dosa* (qui font partie du petit déjeuner de cette région), et moins pour les épices.

On trouve maintenant en Inde une vaste gamme de robots ménagers, notamment des mixeurs, spécialement conçus pour les préparations culinaires du pays. Les lames de ces appareils sont à peine surélevées, ce qui permet d'obtenir une mouture plus fine qu'avec les moulins de fabrication occidentale. Les mixeurs sont vendus avec deux bols de mélange, un tout petit pour les épices et un grand pour la noix de coco et les grandes quantités. Avec ces robots pourvus de moteurs puissants, on peut moudre les épices pendant dix à quinze minutes sans aucun risque de surchauffe.

Un simple moulin à café, qui sera réservé uniquement à cet usage, suffit aux besoins de tous les jours. Pour ce qu'on désigne en Inde par « mouture à l'eau », c'est-à-dire pour les ingrédients broyés dans un peu de liquide, comme la noix de coco, il faut un robot plus solide muni de lames surbaissées. Cela vaut aussi pour les piments rouges, qui, sinon, ne seront pas réduits en pâte. En faisant tremper ces piments trente minutes dans de l'eau, leur peau se ramollira, et ils s'écraseront beaucoup mieux. Les petits moulins à herbes sont parfaits pour le gingembre, l'ail, le piment vert et les feuilles de coriandre.

les épices utilisées pour leur goût

La coriandre *(dhania)* **en graines et en poudre**

L'épice essentielle dans cette catégorie est la poudre de coriandre. On l'obtient par broyage des graines. Pour en rehausser la saveur, les graines sont rôties à sec, sans huile, pendant trois minutes sur une plaque *(tawa)* ou dans une poêle chauffée, et réduites en poudre juste avant usage dans un moulin à café réservé à cet effet. Les ménagères et les cuisiniers de métier très pointilleux sur le goût de leurs currys préparent la poudre de coriandre au jour le jour. C'est en revenant dans l'huile que la poudre dégage sa saveur de « curry » caractéristique. Comptez au moins cinq minutes de cuisson à feu doux dans de l'huile chaude pour que l'épice libère tous ses parfums dans le mélange. L'ajout d'1 ou 2 cuillerées d'eau ne contrarie pas le processus. Si la flamme est trop forte, la poudre brûle et se met à coller. À moins de mettre beaucoup d'huile ou de graisse, elle attache facilement et doit donc être remuée sans arrêt. Lorsqu'on fait dorer de la viande en même temps, on peut laisser revenir le mélange dix minutes sans cesser de remuer (faire *bhuno*) ; la viande, riche en eau, empêche la poudre de brûler. On obtient ainsi la saveur spécifique d'un mets *bhuna*.

La coriandre a des propriétés diurétiques. Sa culture est répandue dans toute l'Inde, mais la plus grosse production vient des États du Rajasthan et du centre. La variété rajasthani, qui donne des graines marron clair très aromatiques, est la plus savoureuse. C'est celle-là que l'on trouve principalement dans la poudre du commerce. La coriandre de la région centrale autour d'Indore, de teinte verdâtre, s'emploie surtout en semence. La coriandre vendue en Europe provient aussi d'Afrique du Nord et d'Europe de l'Est.

Le curcuma *(haldi)*

C'est un rhizome, utilisé surtout sous forme de poudre obtenue après séchage. La racine fraîche, disponible en Inde de décembre à mars, donne une couleur et un goût encore plus intenses que la racine séchée. Sachant que le curcuma est difficile à réduire en poudre chez soi et que le produit vendu sur les marchés est souvent frelaté, les ménagères avisées achètent avant l'été la quantité nécessaire pour un an et la font broyer sous leurs yeux. Le curcuma, qui a des propriétés antiseptiques, est employé en marinade pour le poisson, surtout chez les hindous. Ces derniers en font un plus grand usage dans les currys que les musulmans, qui l'excluent de nombreuses recettes. Il attache très facilement, mais il suffit de le faire revenir quelques secondes pour libérer son arôme et, comme il ne brûle pas aisément, on peut l'ajouter à n'importe quel moment du rissolage des épices, même sans autres ingrédients tels que viande, poisson ou légumes. Les plus gros centres de production sont Erode, au Tamil Nadu, et les États de l'Andhra Pradesh et du Maharashtra. Le plus vif en couleur vient des environs d'Alleppey, au Kerala. Le plus grand marché mondial de curcuma se trouve à Sangli, où il est stocké dans de grandes fosses creusées à même le sol.

Les piments rouges séchés et en poudre

Un chapitre contenant des explications détaillées leur est réservé. Quand on fait dorer les épices seules pour un curry, on ne doit ajouter la poudre de piment qu'en fin de rissolage, car le piment émet en quelques

graines de coriandre

poudre de coriandre

graines de cumin

piments verts

feuilles de cannelle

bâton de cannelle

piments rouges

ail

gingembre

poudre de piment

poudre de curcuma

écorce de bois de cassia

secondes des vapeurs qui font tousser. Lorsqu'elle est ajoutée à de la viande rouge ou blanche, on peut sans crainte la faire revenir dix minutes avec d'autres épices comme la coriandre ou le curcuma. Si le piment rissolé seul dégage une odeur de brûlé, ajoutez-lui un peu d'eau.

Les graines de cumin (*jeera*)

Entières, les graines de cumin doivent elles aussi être rôties rapidement, une minute à peine, sur une *tawa* chaude ou à la poêle, pour mieux libérer leur arôme avant d'être broyées. Le *jeera*, qu'il soit en graines ou en poudre, brûle plus vite que la plupart des épices, noircit rapidement et prend un goût amer, il faut donc le faire griller très vite et, dès qu'il commence à foncer, lui ajouter un autre ingrédient riche en eau, tomate, yaourt ou autre. Cela stoppe le processus. Les graines de cumin s'utilisent dans les plats de légumes cuits sans sauce comme le *jeera aloo* (pommes de terre au cumin). Revenues dans un peu d'huile pour un *vaghar*, ou assaisonnement, les graines se saupoudrent sur du riz cuit ou des lentilles.

Le cumin favorise la digestion. L'eau de cumin, *jeera paani*, est une boisson aux vertus rafraîchissantes qui correspond à une infusion de cumin, de jus de citron vert et de feuilles de coriandre fraîches.

La cannelle et les clous de girofle (*tuj/dalchini et lavang*)

Ces deux épices, à l'arôme prononcé, ont un effet très puissant sur le goût. On les utilise entières dans certains plats de viande, en mélange avec de la cardamome verte pour un simple *pulao* de riz cuit à l'eau, ou réduites en poudre avec de la cardamome noire pour le *garam masala* (voir pages 48-49). Le *garam masala* du commerce est loin d'être idéal, car les fabricants rognent souvent sur les ingrédients coûteux qu'ils remplacent par d'autres bon marché pour faire du volume. La saveur du *garam masala* fait maison est bien supérieure.

La cannelle est une écorce fine, couleur de tabac, alors que celle de cassia est plus grossière et brun foncé. On vend souvent pour de la cannelle ce qui est en fait du bois de cassia, de saveur plus sucrée. Choisissez toujours une bonne marque de cannelle.

Les épices entières peuvent être rissolées quelques minutes sans brûler. Comptez cinq minutes pour la cannelle et moins de deux minutes pour les clous de girofle revenus sans autre ingrédient riche en eau. Pour un rissolage à sec, en mélange avec d'autres épices également réduites en poudre, comptez moins de deux minutes à feu doux.

Sans que cela soit essentiel, faire revenir cannelle et girofle dans l'huile favorise la libération des arômes. On peut cependant les ajouter telles quelles à un curry ou à un plat de riz. La girofle est une épice puissante, deux ou trois clous suffisent pour parfumer un plat. La girofle brûlant plus vite que la cannelle, elle doit toujours être incorporée en second.

Le poivre *(kali mirchi)*
Le poivre est cultivé principalement au Kerala. C'était une épice très prisée dès le second siècle avant J.-C., époque où le poivre de la côte de Malabar importé à Rome s'échangeait contre de l'or. Christophe Colomb s'embarqua pour découvrir d'où venaient le poivre et la girofle. En ce temps-là, le poivre était surtout recherché comme agent conservateur.

En Inde, une infusion de grains de poivre bouillis avec des feuilles de basilic *(tulsi)* est un remède contre l'asthme et la bronchite. Le poivre est utilisé en abondance dans la cuisine du Kerala. Employés à sec, sans autres ingrédients, les grains sont toujours revenus entiers et jamais plus d'une minute.

Les épices employées entières dans un curry ne fondent pas à la cuisson ; les Indiens sont très habitués à les retrouver dans leur assiette ou dans leur bouche, et les recrachent discrètement. On peut aussi les nouer dans une gaze et les retirer après cuisson.

Les graines de moutarde *(rai* ou *sarson)*

Utilisées entières dans les currys et les plats de légumes du sud de l'Inde, elles sont presque toujours le premier ingrédient frit à l'huile pendant quelques secondes. Les graines de moutarde sont l'épice reine du Bengale, où la plante pousse en abondance : réduites en pâte, elles servent à aromatiser les plats de poisson bengali. L'huile de moutarde est d'autre part d'usage très courant au Bengale et au Cachemire. Dans le Penjab, les feuilles de moutarde sont un légume d'hiver très apprécié.

Ne faites pas revenir les graines de moutarde entières plus de dix à quinze secondes, car après elles crépitent et se mettent à sauter partout. Ajoutez aussitôt l'épice ou l'ingrédient suivant. La cuisine indienne utilise très rarement la moutarde du commerce, néanmoins on peut l'incorporer dans certaines recettes de curry pour en relever le goût. N'hésitez pas à innover.

Les graines de moutarde noires *(rai)* sont les plus usitées, mais dans le nord et l'est du pays on emploie des graines brun-rouge *(sarson)*.

Les graines de fenugrec *(methi)*

Généralement utilisées entières, elles figurent seulement dans quelques recettes. Dans la cuisine du sud, on fait chauffer les graines de *methi* quelques secondes dans l'huile chaude, juste après les graines de moutarde, avant d'ajouter les autres ingrédients. Elles s'emploient aussi comme condiment, grillées et réduites en poudre en mélange avec du piment rouge et d'autres épices : c'est le *muligapuri*, qui accompagne les *idli* et les *dosa*.

Les graines de pavot *(khus khus)*

Dans un curry, elles s'emploient presque toujours réduites en pâte avec un peu d'eau. Difficiles à piler, il faut d'abord les faire légèrement griller trois à quatre minutes sur une plaque, puis les passer au moulin à café, si nécessaire avec un peu d'eau. Leur arôme est très doux. Utilisées pour paner croquettes salées et pommes de terre, elles donnent un léger goût de noisette, comme c'est le cas dans un curry où elles servent aussi d'épaississant.

Le fenouil *(saunf)*

Il entre parfois dans la poudre de *garam masala*. La poudre de fenouil figure dans la cuisine cachemiri, tant hindoue que musulmane, et s'utilise aussi au Kerala chez les musulmans Mapla. Dans les currys cachemiri, la poudre est employée sans rissolage. Les graines entières sont l'une des épices principales de la cuisine de Chettinad.

De nombreux livres de cuisine indienne citent les graines d'anis comme épice, alors qu'il s'agit de fenouil – l'anis n'existe pas dans la cuisine indienne.

les épices utilisées pour leur arôme

Il est très difficile de différencier les épices utilisées surtout pour leur goût et celles employées pour leur arôme, car les deux sont indissociables. Cependant, certaines influent un peu plus sur l'un que sur l'autre et, pour ceux que les épices déroutent un peu, cette distinction peut les aider à mieux comprendre le rôle de chacune. Certaines épices, comme le *garam masala*, jouent sur le goût lorsqu'on les fait revenir au début en mélange, mais plus nettement sur l'arôme lorsqu'on les saupoudre en fin de cuisson. Les épices contribuant davantage à l'arôme sont détaillées dans ce chapitre.

Le *garam masala*

Ainsi que nous l'avons évoqué, le *garam masala* intervient à la fois dans le goût et l'arôme avec, à mon sens, un net avantage pour ce dernier. Dans ce contexte, *garam* signifie « chauffant » (en hindi, la traduction littérale est « chaud ») ; *masala* se rapporte bien sûr aux épices. Le *garam masala* est donc un mélange d'épices qui échauffent le corps : cannelle, clous de girofle, poivre noir et cardamome noire. Curieusement, les deux premières ont été importées en Inde à l'époque du fameux commerce des épices ! Aujourd'hui, les ménagères qui préparent leur *garam masala* y incorporent parfois la cardamome verte rafraîchissante, le laurier indien ou *tej patta*, et le fenouil. Les grands cuisiniers font appel à une palette très large, comprenant aussi des pétales de rose. Pour obtenir le meilleur arôme, passez la quantité voulue au moulin juste avant utilisation.

poudre de *garam masala*

mélange de *garam masala* du commerce

clous de girofle

cannelle

grosse cardamone noire

grains de poivre noir

Le *garam masala* s'utilise surtout avec les viandes rouges et, dans une moindre mesure, avec le poulet et les plats de riz. On l'emploie rarement avec le poisson et les légumes, pour lesquels son arôme est jugé trop puissant.

Préparation du *garam masala* maison :
Pour leur mélange, les Indiennes achètent toujours les épices entières (bâtons de cannelle, clous de girofle, poivre en grains et gousses de cardamome noire, parfois aussi graines de cumin et de coriandre). Elles les font dorer sur une plaque, puis les réduisent en poudre dans un mortier. Aujourd'hui, les robots ménagers indiens sont vendus avec un accessoire (sorte de moulin à café) pour broyer les épices à sec en petite quantité, ce qui dispense de les piler à la main.

Il y a deux façons de procéder. Soit vous achetez les épices entières et vous suivez la méthode ci-dessus. Soit vous les achetez déjà en poudre pour les mélanger à la cuillère dans un bol.

Un *garam masala* classique contient, en termes de poids, une proportion à peu près égale de cannelle, de clous de girofle et de poivre noir, plus quelques gousses de cardamome noire. Le reste est histoire de préférence personnelle. Pour ma part, j'aime ajouter des graines de fenouil et une pointe de feuille de cannelle. Avec des épices entières, il faut 6 grammes de cannelle (c'est beaucoup, compte tenu de la légèreté de cette épice), 6 grammes de clous de girofle et 6 grammes de poivre, et 1 gousse de cardamome noire (2 grammes). On peut ajouter 1 cuillerée à café de graines de fenouil et 1 feuille de laurier ou de cannelle.

Pour l'autre méthode, il faut 2½ cuillerées à café de cannelle en poudre, 1 cuillerée à café de girofle en poudre et 1 de poivre noir en poudre, et ¾ de cuillerée à café de fenouil en poudre. Pilez ensuite une gousse de cardamome noire avec une feuille de laurier, et ajoutez-les au mélange.

Conservez le *garam masala* au réfrigérateur, dans un bocal hermétiquement clos. Préparé avec des épices fraîches, il se garde six mois ; du point de vue du goût cependant, mieux vaut le consommer dans les trois mois.

La feuille de cannelle *(tej* ou *tuj patta)*
En hindi, *tej* signifie « piquant » et *patta* « feuille ». Du coup, en Inde, on pense que *tej patta* désigne la feuille au parfum piquant et fort. En fait, *tej* vient par altération du gujarati (la langue parlée à Mumbai, la plus grande cité des épices du pays) *tuj*, qui signifie « cannelle » ; *tej patta* désigne ainsi la feuille au goût de cannelle issue d'un arbre proche du cannelier.

La cannelle, comme le laurier méditerranéen *(Laurus nobilis)*, appartient à la famille des lauracées, mais la cannelle véritable est issue du *cinnamomum zeylenicum* ; le cassia, au parfum similaire, vient du *cinnamomum aromaticum*, et la feuille de *tej patta* du *cinnamomum tamala*. Sa région de culture est le nord-est de l'Inde, ainsi que le Kerala.

Quand on prépare un curry, on commence en général par faire revenir la feuille de *tej patta* pendant dix minutes sur un feu moyen à doux, le temps qu'elle prenne couleur et libère son arôme. On peut aussi l'ajouter à du riz ou à une sauce, sans oublier de la retirer avant de servir.

En Occident, où l'on ne peut pas se procurer de feuille de cannelle indienne, on peut la remplacer par une feuille de laurier.

La grosse cardamome noire *(barra elaichi)*
Barra signifie « gros », cette cardamome étant six à huit fois plus grosse que sa petite cousine verte. Utilisée uniquement dans les currys indiens, la cardamome noire est cultivée dans le nord-est de l'Inde et au Sikkim. Très aromatique, son parfum est concentré dans les graines. Elle est toujours employée en petite quantité et doit figurer dans tout bon *garam masala*.

Si la cardamome est utilisée entière, la cosse devra être retirée avant de servir. Si l'on utilise seulement les graines, elles seront pilées avant d'être incorporées au plat et fondront pendant la cuisson. La cardamome noire, présente dans plusieurs recettes de ce livre, se trouve en Europe dans les épiceries indiennes.

La cardamome verte *(elaichi)*
Hormis son arôme exceptionnel, la cardamome verte contribue aussi à la saveur. Évitez la cardamome blanche, version décolorée de la variété verte, beaucoup moins parfumée. La poudre, obtenue à partir de gousses vertes entières, fait merveille saupoudrée en fin de cuisson sur un plat d'agneau ou de mouton, juste avant de servir (gardez le plat à couvert pour préserver l'arôme). On peut recourir à cette note finale même si la cardamome entière ou pilée a déjà servi pendant la cuisson, car, dans un mélange d'épices, aucun arôme distinct ne prédomine.

Pilée, la cardamome s'utilise aussi dans les desserts comme le *shrikand* (yaourt filtré aromatisé), et dans les boissons rafraîchissantes comme le *thandai* parfumé à l'amande. La cardamome a des vertus rafraîchissantes, ce qui n'empêche pas son usage dans le *garam masala*.

asa-foetida

graines de carvi

graines de fenugrec

graines de pavot blanches

graines de cumin

cardamone verte

graines d'oignon sauvage

graines de fenouil

macis

triphala

noix muscade

anis étoilé

pétales de rose séchés

graines de moutarde noires

graines de moutarde jaunes

La noix muscade *(jaiphal)*

La muscade, originaire des Moluques, en Indonésie, était jadis importée en Inde. Aujourd'hui, elle est cultivée au Kerala. La cuisine indienne en fait un usage modéré. Toujours employée en poudre, elle est normalement ajoutée en cours de cuisson, et non rôtie avec les principales épices. Goûtez-la saupoudrée sur une purée d'épinards – votre plat en sera transformé.

La poudre de macis *(javitri)*

Le macis est l'enveloppe dentelée de la muscade. Comme la cardamome, le macis en poudre, très parfumé, fait merveille saupoudré en fin de cuisson sur les plats de viande et les *pulao*, plats de riz cuits avec d'autres ingrédients, agneau ou légumes variés par exemple. C'était un condiment particulièrement apprécié par les cuisiniers des seigneurs musulmans de Lucknow, qui s'en servaient pour préparer des *kormas* très relevés en l'ajoutant en cours de cuisson et aussi saupoudré sur le dessus juste avant de servir. Prenez soin de garder la marmite à couvert afin de permettre à l'arôme d'infuser sous l'effet de la chaleur.

L'asa-fœtida *(hing)*

Cet aromate, au parfum puissant, est surtout utilisé comme anti-flatulent. C'est une résine tirée de la *ferula asa-fœtadia*, plante importée principalement d'Iran. Son usage culinaire est limité à d'infimes quantités.

L'anis étoilé *(chakraphool* ou *badiane)*

Cette plante originaire de Chine n'est pas d'un usage très courant dans la cuisine indienne. Elle est surtout répandue au Cachemire et à Chettinad – la communauté chettiare de la côte sud-est de l'Inde a commercé pendant plusieurs siècles avec la Chine et l'Asie du Sud-Est. On la trouve aussi dans le *masala* en bouteille de l'est de l'Inde, et dans quelques spécialités de Goa.

Le safran *(kesar)*

Le safran, au parfum si délicat, est l'épice la plus chère du monde. C'est le stigmate d'une variété de fleur de crocus originaire d'Asie occidentale et cultivée au Cachemire, en Turquie et dans les pays méditerranéens – le plus gros producteur est aujourd'hui l'Espagne. Le safran, très usité dans la cuisine indienne et particulièrement dans les plats moghols, était l'un des ingrédients favoris à la cour du royaume moghol. De nos jours, il est très apprécié dans les *biryani*, les *pulao* et le poulet *kesari* (curry crémeux au safran), ainsi que dans les desserts tels que le *kesari kulfi*. Le safran se présente en filaments qu'il faut laisser infuser dans un peu d'eau ou de lait tiède. Il libère un pigment jaune d'or qui colore le riz blanc ou tout dessert à base de lait d'une teinte paille. Il perd son parfum au bout d'un mois ; mieux vaut donc le garder au réfrigérateur, hermétiquement clos.

La poudre de pétales de rose *(gulab)*
Les pétales de rose s'utilisent en poudre pour parfumer marinades et plats de viande. Cette tradition se retrouve aujourd'hui dans les spécialités mogholes de Lucknow, en particulier dans les *korma* subtilement colorés et aromatisés, tel le korma blanc. La rose indienne est une petite fleur à double rangée de pétales, beaucoup plus parfumée que les variétés occidentales. Pour une utilisation en cuisine, les meilleures sont les petites roses de la région d'Udaipur (où elles étaient cultivées spécialement pour distiller une liqueur, la *Gulab*), de Mysore et des environs de Kanauj, dans le nord de l'Inde. Les pétales séchés au soleil sont ensuite réduits en poudre pour leur usage culinaire. Outre ses vertus rafraîchissantes, la poudre est aussi astringente et anti-inflammatoire. L'essence de rose entre dans la confection de sorbets. L'eau de rose s'emploie en aspersion sur les *biryani* et *pulao*, après cuisson, et pour le trempage du safran.

L'essence de fleur de pandanus ou essence de kéora
Le *Pandanus odoratissimus* est une fleur jaune de la famille des *screwpine*, au parfum sucré très puissant. Les fleurs mâles sont recherchées pour leur fragrance. Elle pousse dans l'État d'Orissa et, en moindre abondance, au Kerala. L'*attar* de kéora et l'eau de kéora s'obtiennent par extraction de la fleur. L'huile de kéora est censée être un stimulant. L'*attar* de kéora est fabriqué à Lucknow pour un usage culinaire, une seule goutte diluée avant usage dans un peu d'eau suffisant à parfumer 1 kilo de viande. L'eau de kéora en est une version diluée.

fleur de pandanus odorant (kéora)

les herbes et épices fraîches

Le terme *hara masala*, littéralement « épices vertes », se rapporte aux épices employées fraîches telles que gingembre, ail, piments verts, feuilles de coriandre, de cari et de fenugrec, menthe, lime, oignons de printemps et autres aromates comme l'aneth. La plupart des currys font appel au *hara masala* sous une forme ou une autre. Sur les marchés aux légumes, on trouve des vendeurs spécialisés dans la vente d'aromates frais.

Presque tous les currys contiennent du **gingembre** et de l'**ail**. En principe, on les hache finement avant de les faire revenir avec les oignons. Gingembre et ail s'utilisent généralement ensemble, en quantité quasi égale. Je me suis laissé dire que le gingembre augmenterait la tension artérielle, alors que l'ail serait un hypotenseur ; ainsi les deux épices s'équilibrent pour réguler la tension. Je vous livre cette théorie sans trop savoir quelle foi lui accorder.

Les cuisiniers de métier préparent aujourd'hui une purée de gingembre et d'ail en égales proportions, séparément ou en mélange, qui se garde plusieurs jours au réfrigérateur (toujours couverte, n'oubliez pas). Pour d'évidentes raisons pratiques, les ménagères recourent de plus en plus à cette façon de faire. Il existe en Inde deux variétés d'ail que je n'ai vues nulle part ailleurs. L'une, du nom de *taaza lasan* (ail frais), est une plante d'une quinzaine de centimètres de haut portant un unique caïeu à l'extrémité de sa racine. Très courante l'hiver à Mumbai, elle est utilisée par les Sindhi pour parfumer les plats de poisson, par les parsis dans les œufs brouillés et par les Bori dans les hachis de viande. Il s'agit en fait des jeunes pousses, cultivées en terrain sablonneux, de la plante classique. L'autre variété produit une gousse pareille à une bille que les marchands de légumes préconisent comme tonicardiaque.

Le gingembre s'emploie presque toujours frais – il se garde bien deux ou trois mois, surtout placé au frais. Le gingembre en poudre s'emploie surtout au Cachemire et dans les *chaat* de l'Inde du nord.

fenugrec

aneth

piments rouges

coriandre

ail

ail nain entier

ail nouveau

échalotes kashmiri

piments verts

piments africains

feuilles de cari

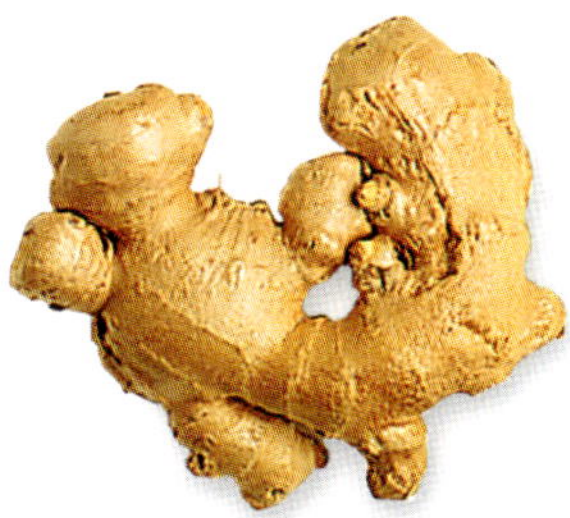

gingembre

menthe fraîche

Les feuilles de coriandre fraîches s'utilisent à la fois comme condiment en début de cuisson et en garniture aromatique avant de servir. Elles constituent l'un des principaux ingrédients du curry vert. Feuilles de coriandre, menthe, gingembre, jus de lime et sucre passés en mélange au mixeur font un délicieux chutney vert rafraîchissant.

La menthe a un usage culinaire, en particulier pour la préparation des *dhansak* et *biryani*, mais on l'ajoute en fin de cuisson afin de préserver son arôme. Ne jamais faire revenir la menthe avec le *masala*, car elle noircit très vite et donnerait au curry une couleur noirâtre.

La feuille de cari est une aromate spécifique à la cuisine de la côte occidentale de l'Inde, de Mumbai au Kerala, bien qu'elle soit absente de la cuisine goanaise. Très parfumée, elle peut être mise à revenir au début de la cuisson ou incorporée plus tard, au stade du mijotage. Ajoutée au dernier moment, elle préservera tout son arôme mais doit cuire au moins cinq minutes. On l'emploie aussi dans les plats sans sauce, *dal* et *khadi*, dans les yaourts et les légumes, les currys de viande et certains currys de poisson du Kerala et de Madras.

La feuille de cari appartient à la même famille botanique que le margousier, dont les feuilles ont des vertus antiseptiques ; c'est un pesticide naturel.

Les feuilles de fenugrec *(methi)* s'utilisent uniquement dans la cuisine indienne. Il existe deux variétés de *methi* : la petite, à minuscules feuilles en forme de bourgeons, haute d'environ sept centimètres, a un parfum subtil mais une saison estivale de courte durée. La variété à grandes feuilles, haute d'environ vingt-cinq centimètres, est disponible toute l'année ; elle est très facile à semer. Le petit *methi* est issu de jeunes pousses du grand *methi* cultivées en terrain sablonneux. Beaucoup plus aromatique, on ne le trouve qu'à Mumbai et dans l'ouest de l'Inde.

Les feuilles de *methi* ont un parfum particulier, avec une note légèrement amère, dont le goût s'apprécie avec le temps. Un mets indien très prisé est le *aloo methi*, plat de pommes de terre sautées avec des épices et parfumées au *methi*. Une recette figure dans ce livre (page 185). Les feuilles de *methi* sont d'usage courant dans toute l'Inde. Les Penjabis l'incorporent à de nombreux plats, y compris le poulet *makhani*, les parsis l'utilisent dans le *dhansak*, et la recette de poisson préférée des Sindhi fait appel à de l'ail frais (la variété à caïeu unique, qu'ils appellent *thoom*) et à des feuilles de *methi*.

On trouve aussi du *methi* séché, en paquets appelés *kasuri methi*, dans la plupart des épiceries indiennes. Son parfum étant assez prononcé, une pincée suffit par plat. Le *methi* séché n'est pas issu de la même famille botanique que le frais.

L'aneth *(sooaa)* sert à parfumer les épinards et autres légumes verts à feuilles, ainsi que le *dhansak*. Les Sindhi préparent le *sai bhaji*, spécialité à base d'épinards, et un riz parfumé à l'aneth dont la recette est donnée dans cet ouvrage (voir page 173).

les piments

Il est important de comprendre le rôle des piments dans la préparation d'un curry, car ils en sont un ingrédient essentiel. Or, en Occident, leur usage est plutôt rare, bien que de plus en plus répandu dans certaines régions des États-Unis, en grande partie sous l'influence de la cuisine mexicaine qui fait appel à toutes sortes de piments.

En Inde, on cuisine avec deux sortes de piments : les **verts**, qui s'utilisent frais, et les **rouges**, séchés. Les variétés vertes diffèrent en taille (longueur) et en force. Voilà pourquoi, dans une recette, les quantités de piment vert sont données à titre indicatif. Si le curry doit être relevé, la recette le précisera, et si les piments employés ne sont pas très forts, il vous faudra augmenter la quantité et inversement.

Les piments crus sont toujours très piquants et s'adoucissent une fois sautés ou braisés. Ainsi, une fois réalisé, le plat ne sera pas aussi fort qu'on aurait pu le croire d'après les quantités indiquées dans la recette. Les piments, source précieuse de vitamine C, sont bons pour la digestion. En Inde, on les mange aussi bien crus, dans une salade *cachumber* ou un chutney vert par exemple, que cuits dans la plupart des mets salés.

Les piments rouges s'utilisent parfois en complément des verts dans les currys, pour en relever le goût et donner une teinte rouge. Dans le sud de l'Inde et sur la côte occidentale, la peau du piment rouge s'emploie pilée avec de la noix de coco pour donner sa texture au curry.

Pour préparer un curry raffiné, il est indispensable de bien savoir utiliser les piments rouges. En Inde, la ménagère respecte le savoir-faire culinaire de sa propre région et achète les piments disponibles sur place sans nécessairement connaître leur provenance. Il a fallu que je me retrouve à Mumbai, dans ma cuisine, en train de réaliser les recettes que j'avais collectées dans les diverses régions du pays pour m'apercevoir que la saveur d'origine n'était pas au rendez-vous ; cela venait de la différence de goût des piments utilisés ailleurs. Pourtant, rares sont les livres de cuisine et les cuisiniers de métier ou de famille qui précisent quel type de piment employer pour tel plat régional. La seule exception est le **piment dit *kashmiri***, souvent cité parce qu'on l'utilise beaucoup depuis quelques années pour son grand pouvoir colorant et son goût modérément

les piments en poudre

poudre de piment fort

paprika (doux)

poudre de piment rouge

cayenne

paprika (fort)

poudre de piment kashmiri

reshampatti simple

jaune

reshampatti double

byadgi

goanais

kashmiri véritable

dit kashmiri

tinnevelly

guntur rouge

nellore

fort. Si je précise « dit » *kashmiri*, c'est qu'en cherchant l'origine de ce piment dans les marchés de gros du Cachemire, je découvris que cet État n'exportait pas les quantités de piments *kashmiri* vendus comme tels partout ailleurs, et qu'une variété analogue, cultivée dans le nord du Karnataka, à l'est de Goa, et dans l'Andhra Pradesh, était vendue dans tout le pays sous l'appellation piment *kashmiri* ! Pour remplacer ce piment, prenez une variété longue et mince ayant plus de pouvoir colorant que de mordant. Celui du Nouveau-Mexique est un bon substitut, bien qu'il soit d'un rouge moins intense en poudre ou en purée.

L'Inde est le plus grand producteur de piments au monde, sa production annuelle s'élève à environ 80 000 tonnes, dont seules 25 000 partent à l'export. Le commerce d'exportation d'huiles et d'extraits essentiels destinés à l'alimentation de gros et fabriqués à partir des variétés les plus colorées est en pleine expansion. Les piments sont cultivés dans tout le pays, mais les plus grosses régions productrices sont le Maharashtra, le Tamil Nadu (variété madras), l'Andhra Pradesh (la variété guntur, la plus piquante, est surtout utilisée pour la fabrication de la poudre), le Karnataka (variétés bedgi et *kashmiri*) et le Rajasthan. Le Cachemire cultive ses piments rouges très aromatiques avant tout pour la consommation locale, car le relief escarpé rend leur transport trop peu rentable. Goa produit aussi sa variété de grande taille, idéale pour le curry régional, mais même les Goanais se sont épris du piment *kashmiri*. Pour leurs currys blancs ou jaunes, les gourmets de l'Inde du Nord utilisent un piment séché jaune vif cultivé au Penjab, dans la région de Sonepat.

Les recettes précisent si les piments verts sont à utiliser entiers, fendus ou émincés, car c'est la manière dont le piment est coupé qui rend le curry plus ou moins fort. Fendu, le piment donne du piquant au curry ; entier, beaucoup moins. Certains plats font appel à du piment rouge émietté, d'autres à du piment réduit en pâte avec un peu d'eau ou de vinaigre, d'autres encore exigent seulement du piment rouge en poudre. Les queues des piments sont toujours éliminées avant usage.

Pour obtenir un rouge intense avec un piquant modéré, on mélange le piment en poudre avec du paprika. De même, pour atténuer le feu des piments verts ou rouges, ôtez-en les graines avant usage. N'oubliez pas de procéder sous l'eau courante, avec des gants si vous avez la peau sensible, et de vous laver les mains au savon aussitôt après.

Les recettes données dans cet ouvrage précisent la variété de piment à utiliser lorsque le goût du plat en dépend. J'espère que, partout hors de l'Inde, marchands de légumes et supermarchés vont se montrer plus exigeants dans le choix des piments proposés à la vente, et que les grossistes sauront répondre à la demande et fournir la variété demandée, qu'elle soit entière ou en poudre.

la table des currys

Point de départ	Nom du Curry	Couleur	Épaississant	Épice majeure
J'aimerais un curry de poisson peu relevé.	curry de poisson au lait de coco – molee de poisson	jaune pâle	lait de coco	gingembre
J'aimerais un plat d'agneau à servir avec des tranches de pain.	seyal gosht	marron clair	oignons yaourt	coriandre en pou
J'aimerais un curry de poulet peu relevé sans noix de coco à servir avec du riz et/ou des roti.	korma de poulet kashmiri	ocre	oignons	cardamome cannelle
J'aimerais mêler viande rouge ou volaille et lentilles ou légumes à servir en plat unique avec du riz. J'aimerais pouvoir préparer ce plat la veille.	dhansak	brun-vert foncé	lentilles	coriandre cumin en poudre
J'aimerais un curry simple adapté aux végétariens et aux non-végétariens sans avoir à suivre deux recettes.	curry goanais aux fruits de mer ou volaille et légumes variés.	rouge orangé	noix de coco râpée	coriandre piment

Épice mineure	Acidifiant	Piment à utiliser	Accompagnement
clous de girofle cannelle cardamome		vert fendu	riz blanc riz à la tomate riz vert
clous de girofle cannelle cardamone	yaourt tomates	vert frais rouge en poudre	riz pulao pain en tranches paratha
gingembre en poudre clous de girofle	yaourt	vert	riz divers roti
feuilles de fenugrec clou de girofle cannelle	jus de citron vert tamarin	vert frais rouge en poudre	riz brun pulao chutney de coco vert cachumber d'oignons et tomates papadam frits
coriandre curcuma	tamarin (ou vinaigre)	kashmiri rouge vif rouge séché ou en poudre paprika en poudre	riz blanc

trucs et astuces

Coupez et préparez les ingrédients avant de commencer la cuisson. La cuisine indienne en exige un si grand nombre qu'il est pratique de tous les avoir sous la main.

Vous pouvez faire cuire le curry et le *dal* la veille, mais ce dernier ne sera assaisonné qu'au moment de servir, pas avant. Vous pouvez couper les légumes la veille et les réserver, mais mieux vaut les cuisiner seulement quelques heures à l'avance. De même pour le *raïta*, qui sera préparé avec un yaourt du jour. La pâte à pain pour les *roti* peut aussi être faite la veille. Quant aux *roti* proprement dits, vous pouvez les confectionner deux ou trois heures à l'avance, les tartiner d'un peu de beurre, et les envelopper dans du papier d'aluminium pour les réchauffer au four juste avant de servir. Le chutney, préparé la veille, se conserve au réfrigérateur ; le chutney de tomates se garde bien une semaine. Une heure avant la soirée, préparez le *cachumber* et faites cuire les *papadam*.

Les currys de viande rouge et de poulet supportent très bien la congélation, alors que la texture du poisson en souffre un peu. Les lentilles, pois chiche et légumes se congèlent bien.

Si vous voulez réaliser un curry en un tournemain sans corvée d'épluchage, utilisez de la purée d'ail et de gingembre en pot, de la purée de tomates et de la crème de noix de coco en conserve, en fonction de la recette. Pas de raccourci possible en revanche pour faire brunir les oignons, si ce n'est de les faire revenir en quantité pour les congeler ensuite.

En Inde et ailleurs, nombre de ménagères préparent d'avance leur purée d'ail et de gingembre, additionnée parfois de piment vert, qu'elles gardent en pot au réfrigérateur.

N'utilisez pas d'oignons doux. En effet, l'oignon ne doit pas contenir trop d'eau – les variétés indiennes mûrissent vite et ne sont pas de saveur douce. Les recettes de ce livre ont été adaptées pour les oignons cultivés en Occident ; les variétés à éviter sont les oignons doux d'Espagne.

La plupart des recettes contiennent des tomates fraîches. Si vous utilisez des conserves, elles donneront plus de couleur au curry mais il faudra sans doute rajouter de l'acidifiant, selon que la recette l'exige et, le cas échéant, plus de sel et de piment.

Friture des épices à la louche

incidents

1 Si les oignons ont trop pris couleur, éliminez tous les morceaux brûlés, changez de récipient, et ajoutez un peu d'huile fraîche. Il vous faudra peut-être recommencer.

2 Si le curry est trop relevé et contient des tomates et/ou du yaourt battu ou du lait de coco, rajoutez 1 ou 2 tomates et $^1/_2$ à 1 cuillerée à café de sucre. Si le curry est à dominante aigre, rajoutez un acidifiant.

3 Si le curry est trop salé, ajoutez quelques morceaux de pomme de terre ou une boulette de pâte que vous retirerez avant de servir. Les pommes de terre et la pâte absorberont du jus, que vous allongerez avec 200 ml d'eau, diluant ainsi la teneur en sel.

4 Si le curry est trop liquide, laissez bouillir quelques minutes à découvert (sans oublier d'allumer votre hotte aspirante !).

5 Si le curry n'est pas assez relevé, faites dorer les épices de votre choix avec du piment vert haché dans de l'huile chauffée dans une petite casserole ou une louche (attention car le piment saute), puis ajoutez-les au curry.

un curry maison tout simple

ou leçon de curry n°1

Avant de vous lancer dans la réalisation des currys figurant dans ce livre, vous préférerez peut-être commencer par la recette du simple curry de ménage ci-dessous. Vous pouvez remplacer le gingembre et l'ail frais par 1 cuillerée à café de purée de gingembre et ail en pot. (Pour une personne, gardez le reste au réfrigérateur ou au congélateur.)

Pour 2 personnes :

Curry de poulet
1 coquelet de 450 g ou 2 escalopes de poulet ou 4 hauts de cuisse ou 2 pilons

Curry de mouton
300 g de mouton à bouillir

Curry de poisson
2 filets de cabillaud (soit environ 225 g) ou 2 steaks de saumon

Curry de légumes
225 g de légumes en mélange coupés en petits morceaux

Sauce de curry
4 cuillerées à soupe d'huile
1 gros oignon, émincé très fin
2 gousses d'ail, hachées
1 morceau de gingembre frais d'1/2 cm, haché
3/4 de cuillerée à café de coriandre en poudre
1 pincée de curcuma en poudre
1/4 de cuillerée à café de cumin en poudre
1/4 de cuillerée à café de poudre de garam masala
1 cuillerée à café de paprika en poudre
2 tomates, en morceaux
sel
feuilles de coriandre hachées pour servir

1 Faire chauffer l'huile dans une cocotte. Ajouter l'oignon et faire revenir 20 à 25 minutes à feu moyen jusqu'à coloration brune. Ajouter l'ail et le gingembre et laisser dorer 1 minute. Ajouter la poudre de coriandre et remuer encore 1 minute. Puis ajouter le curcuma, le cumin, le garam masala et le paprika et laisser revenir 30 secondes. Ajouter 200 ml d'eau et laisser cuire 10 minutes. Incorporer les tomates, bien remuer et laisser cuire encore 5 minutes.

2 La sauce de curry est prête. Saler à votre goût. Incorporer l'ingrédient principal. Pour le poulet ajouter 300 ml d'eau, pour l'agneau 500 ml, pour le poisson 200 ml, et pour les légumes 400 ml. Laisser mijoter jusqu'à cuisson complète. Juste avant de servir, saupoudrer de feuilles de coriandre hachées.

Ce plat s'accompagne de riz, de pitta ou de tranches de pain.

Savoir faire revenir les oignons est essentiel à la confection d'un curry.

les currys

rogan josh *cachemire*

Rogan signifie « graisse de viande », *josh* a pour sens littéral « chaleur » et « intensité » au figuré. Le *rogan josh* traditionnel se prépare avec une viande non désossée, longuement mijotée dans sa graisse avec un supplément de gras pour renforcer la saveur. Aujourd'hui cependant, avec la conscience des risques liés au cholestérol, on évite les graisses animales, remplacées par un minimum d'huile. Les épices réchauffantes comme la grosse cardamome noire et les clous de girofle, largement employées dans ce plat, lui confèrent feu et intensité.Tel qu'il est préparé au Cachemire, ce curry se caractérise par l'emploi généreux du vrai piment *kashmiri*, de saveur plutôt douce mais à fort pouvoir colorant. Les musulmans de la région utilisent le *praan*, une échalote locale au goût aillé, et le *maval*, pétales de la crête-de-coq. Cette fleur, qui donne au curry un rouge encore plus vif, est censée avoir des vertus rafraîchissantes. Les hindous du Cachemire pour leur part n'utilisent ni *praan*, ni oignon, ni ail, mais incorporent du yaourt au curry pour lui donner corps et saveur. Le *rogan josh* du Cachemire se distingue de celui des autres régions par l'ajout de poudre de fenouil. J'ai combiné les recettes des communautés hindoue et musulmane et remplacé les ingrédients exotiques par d'autres aisément disponibles pour créer un curry légèrement épicé mais savoureux à souhait.

Pour 4 personnes

700 g de mouton ou de côtelettes d'agneau
250 g d'os de mouton
4 gousses d'ail, hachées
2 1/2 cuil. à café de piment en poudre (si possible kashmiri) ou 2 cuil. à café de piment en poudre et 1 cuil. à café de paprika
100 ml de yaourt au lait entier
250 g d'échalotes, hachées
50 ml de ghee ou d'huile
4 clous de girofle
2 grosses cardamomes noires
4 cardamomes vertes
2 feuilles de cannelle ou de laurier
1 éclat de macis
1 cuil. à café de coriandre en poudre
1 cuil. à café de fenouil en poudre
1 cuil. à café de gingembre en poudre
1/4 de cuil. à café de curcuma
sel – environ 1 1/4 cuil. à café

1 Faire bouillir la viande et les os dans une cocotte avec l'ail et 1/2 cuillerée à café de sel dans 1,2 l d'eau pendant 20 minutes. Retirer du feu. Sortir la viande et la réserver. Écumer le bouillon puis filtrer et réserver.

2 Préparer une pâte en mélangeant la poudre de piment et/ou de paprika avec un peu d'eau. Fouetter le yaourt et laisser en attente.

3 Faire revenir les échalotes dans le *ghee* ou l'huile pour leur faire prendre couleur (soit une dizaine de minutes). Ajouter les clous de girofle, les cardamomes, les feuilles de cannelle ou de laurier et le macis et laisser revenir 1 minute. Ajouter les poudres de coriandre, fenouil, gingembre et curcuma, puis la pâte de piment et 2 cuillerées à soupe d'eau, et remuer sans arrêt. Incorporer la viande 2 minutes plus tard. Faire revenir environ 5 minutes. Baisser le feu et ajouter le yaourt, bien remuer et faire revenir quelques minutes.

4 Saler tout en versant 800 ml d'eau. Laisser cuire jusqu'à ce que la viande soit tendre. Avant de servir, retirer les feuilles de cannelle ou de laurier, les grosses cardamomes et le macis.

agneau aux navets (shalgam gosht) *cachemire*

En hiver, les navets *(shalgam)* délicatement teintés de mauve sont l'un des rares légumes disponibles au Cachemire. On les stocke dans des fosses creusées dans la neige. Cette variété de navet, de la taille d'un oignon moyen, est cultivée dans toute l'Inde du Nord. Le *shalgam gosht* est un plat très apprécié également à Lucknow.

Le piment *kashmiri* donne à ce curry une très belle couleur rouge qui s'obtient aussi en mélangeant du piment rouge en poudre et du bon paprika. La grosse cardamome noire, censée avoir des vertus réchauffantes – appréciables en hiver ! – le parfume agréablement, comme le fenouil en poudre. En frottant les navets au sel avant de les faire revenir, vous éliminerez leur légère amertume.

Pour 4 personnes

300 g de petits navets
sel
400 g de petits oignons
2 gousses d'ail
1 morceau de gingembre frais de 4 cm
250 g de tomates de grosseur moyenne
250 g environ d'os de mouton pour le bouillon
700 g de mouton à cuire, coupé en morceaux
1 feuille de cannelle ou de laurier
5 cuil. à soupe d'huile
1 cuil. à café de piment rouge en poudre
1 1/2 cuil. à café de paprika en poudre
1 cuil. à café de curcuma en poudre
3/4 de cuil. à café de fenouil en poudre
1 1/2 cuil. à café de coriandre en poudre
2 cardamomes noires
4 cardamomes vertes
un bâton de cannelle (4 cm)

1 Éplucher les navets et les couper en quartiers. Piquer chaque morceau en plusieurs endroits avec un cure-dents en bois. Les saupoudrer de sel en frottant pour bien faire pénétrer. Laisser dégorger 1 heure au minimum à température ambiante, puis rincer et laisser en attente.

2 Hacher les oignons, 1 gousse d'ail et le gingembre. Couper les tomates en 2 et les râper en éliminant la peau. On peut aussi passer les tomates pelées au mixeur.

3 Préparer le bouillon en faisant cuire les os de mouton pendant 45 minutes dans 400 ml d'eau avec l'autre gousse d'ail et la feuille de laurier. Filtrer.

4 Faire chauffer 3 cuillerées à soupe d'huile dans une poêle et faire dorer les navets 20 minutes environ, jusqu'à ce que leur peau soit croustillante. Les retourner souvent pendant la cuisson pour qu'ils dorent uniformément. Les retirer du feu et les égoutter sur du papier absorbant.

5 Verser l'huile restante dans une cocotte et lui ajouter 1 cuillerée d'huile. Faire revenir les oignons 20-25 minutes sur feu moyen à doux jusqu'à ce qu'ils soient bien dorés. Le feu ne doit pas être trop fort sinon ils ne bruniront pas uniformément. Incorporer le gingembre et l'ail hachés et laisser revenir encore 5 minutes.

6 Ajouter les poudres de piment, de paprika, de curcuma, de fenouil et de coriandre, les cardamomes, la cannelle, 2 cuillerées à soupe d'eau, la dernière cuillerée d'huile et la viande, et bien mélanger. Faire rissoler la viande 2 minutes en remuant pour bien l'enduire d'épices. Couvrir et laisser mijoter 10 minutes environ, le temps que la viande sue et s'imprègne des saveurs des épices.

7 Ôter le couvercle quand la viande a rendu presque toute son eau. Remuer alors 5 minutes avec une cuillère en bois en retournant plusieurs fois les morceaux. Cette action permet au mélange d'épices recouvrant la viande de chauffer au contact du fond de la cocotte, ce qui donne au plat sa saveur particulière. Ce procédé s'appelle le *bhuna*.

8 Assaisonner avec 1 1/4 cuillerée à café de sel, ajouter la purée de tomates et mélanger en retournant la viande. Verser le bouillon, couvrir et laisser mijoter 30 minutes. Environ 5 minutes avant la fin de la cuisson, ajouter les navets. Arrêter le feu quand la viande et les navets sont à point. Si le plat n'est pas servi de suite, les navets continueront à absorber la sauce. Au moment de réchauffer, il faudra peut-être rajouter un peu d'eau pour rallonger le curry. Goûter, rectifier l'assaisonnement si nécessaire, et laisser cuire quelques minutes. Retirer les os avant de servir.

Ce curry, d'un beau rouge foncé, n'est pas aussi relevé qu'il le paraît. Si vous le souhaitez plus fort, augmentez la quantité de piment en poudre.

Au Cachemire, c'est aussi de cette façon qu'on cuisine le canard aux navets. Vous pouvez remplacer les navets par des pommes de terre sans rien gâcher au résultat final mais il est inutile de saler ces dernières.

agneau cuit au lait (aab gosht) *cachemire*

Voici une spécialité musulmane du Cachemire. *Aab* signifie « eau » en langue persane, ce curry a d'ailleurs une consistance liquide. Les musulmans de Bombay réalisent un plat du même nom mais selon une autre recette, avec du lait de coco ; comme dans la cuisine kasher, les hindous ne font pas cuire lait et viande ensemble.

Cette recette est l'une des rares qui ne contiennent ni piment, ni gingembre, ni ail. Elle donne un curry délicatement parfumé, de saveur légèrement sucrée. On peut le servir à un jeune enfant (dans ce cas, supprimez le poivre blanc). Il s'accompagne de riz blanc ou parfumé, ou de *roti*.

Pour 4 personnes
8 filaments de safran
700 g d'agneau à cuire, coupé en dés ou en côtelettes
100 g d'échalotes
4 cuil. à soupe d'huile
sel
1 feuille de cannelle ou de laurier
2 clous de girofle
2 bâtons de cannelle de 4 cm
6 cardamomes vertes
1/2 l de lait
2 cuil. à soupe de crème liquide
1 1/4 cuil. à café de fenouil en poudre
1/2 cuil. à café de cumin en poudre
1/4 cuil. à café de poivre blanc moulu
1/2 cuil. à café de sucre

1 Faire tremper le safran dans 50 ml d'eau. Faire tremper la viande 30 minutes à l'eau tiède jusqu'à ce qu'elle éclaircisse.

2 Réduire les échalotes en purée au mixeur, ou les râper, puis les faire dorer à la poêle dans 2 cuillerées à soupe d'huile.

3 Faire cuire la viande à la cocotte dans 1,2 l d'eau, avec 3/4 de cuillerée à café de sel, la feuille de cannelle ou de laurier, 1 clou de girofle, 1 bâton de cannelle et les échalotes, jusqu'à qu'elle soit tendre. La retirer et la laisser en attente. Filtrer le bouillon et éliminer les os.

4 Pendant la cuisson de la viande, faire bouillir le lait dans une autre casserole avec le clou de girofle restant, les cardamomes et l'autre morceau de cannelle. Pour empêcher le lait de déborder, laisser une cuillère en bois dans la casserole. Remuer de temps en temps et laisser cuire jusqu'à ce que le lait réduise et épaississe. Quand il a réduit d'un tiers, retirer du feu et laisser refroidir. Filtrer. Ajouter la crème et bien mélanger. Ensuite, incorporer la viande et 600 ml de bouillon à l'appareil au lait.

5 Faire chauffer le reste de l'huile dans une louche sur feu moyen. Ajouter la poudre de fenouil puis, 20 secondes plus tard, le cumin et le poivre. Faire frire 10 secondes avant de verser le mélange dans la viande. Ajouter le sucre et saler à votre goût. Laisser cuire quelques minutes, à couvert pour empêcher la viande de brunir.

6 Pour servir, faire réchauffer à découvert et laisser mijoter 2 minutes. Ajouter le safran juste avant de retirer du feu.

Pour donner du pep à ce curry, on peut ajouter 2 ou 3 piments verts fendus au cours des 10 dernières minutes de cuisson de la viande. Retirez-les du bouillon avant de le mélanger au lait.

korma d'agneau pilaf (korma pulao) *lucknow*

La cuisine de Lucknow est une version raffinée de la cuisine moghole. Son accent sur les arômes explique l'usage du macis, de la muscade, du safran et de l'eau de rose. Contrairement à la croyance générale, la région de Lucknow est davantage réputée pour la grande variété de ses pilafs que pour ses biryanis. Cette recette de famille me vient de Bulu Hamied, authentique habitant de Lucknow.

Pour 6 à 8 personnes

400 g de riz basmati
65 ml d'huile
4 gros oignons, émincés fin
1 morceau de gingembre frais de 2,5 x 1cm, pelé et haché
6 gousses d'ail, hachées
2 piments verts, hachés
5 clous de girofle
5 cardamomes
1 bâton de cannelle de 5 cm, émietté
1 kg de viande d'agneau désossée
1 cuil. à soupe de coriandre en poudre
1/2 cuil. à café de curcuma
1 cuil. à café rase de cumin en poudre
1 1/2 cuil. à café de piment rouge en poudre
3 éclats de macis
1/4 de cuil. à café de muscade en poudre
100 ml de yaourt au lait entier
2 tomates, hachées
1 cuil. à café de sel

Pour le riz

2 feuilles de cannelle ou de laurier
1 cuil. à café d'huile ou de beurre
1 cuil. à café rase de sel
quelques filaments de safran
quelques gouttes d'eau de rose (facultatif) ou de lait

1 Rincer le riz deux ou trois fois à l'eau claire. Le faire tremper 30 minutes dans un grand bol d'eau.

2 Faire chauffer l'huile dans une cocotte ou une grande poêle. Faire brunir les oignons. Ajouter le gingembre, l'ail, les piments, les cardamomes et la cannelle et faire revenir 2 à 3 minutes. Adjoindre la viande et faire revenir à feu doux à moyen sans cesser de remuer pendant 10 à 15 minutes au moins. Plus la viande est rissolée longtemps, plus elle sera savoureuse.

3 Incorporer la poudre de coriandre en mélangeant pendant 2 minutes, puis ajouter les autres poudres d'épices et bien mélanger. Verser 65 ml d'eau et remuer. Laisser mijoter 2 minutes.

4 Battre le yaourt à la fourchette et l'incorporer à la cocotte. Ajouter les tomates et le sel. Remuer et laisser cuire à couvert jusqu'à cuisson presque complète mais en vérifiant tous les 1/4 d'heure que le mélange ne se dessèche pas. Si nécessaire, rajouter 100 ml d'eau ou plus. La viande est à point quand elle est nappée d'une sauce épaisse.

5 Égoutter le riz et bien le rincer. Le verser dans une casserole avec le même volume d'eau, mesuré au verre ou à la tasse. Mettre un volume d'eau identique à bouillir avec les feuilles de laurier. Quand l'eau bout, ajouter l'huile, le sel et le curcuma ; puis ajouter le riz. Laisser cuire à découvert. Quand l'eau est entièrement absorbée, le riz est cuit aux trois-quarts.

6 Faire tremper le safran dans 2 cuillerées à soupe d'eau de rose ou de lait et réserver.

7 Huiler légèrement un grand plat résistant au four. Tapisser le fond avec la moitié du riz. Étaler ensuite le mélange de viande, puis répartir le restant de riz sur le dessus. Couvrir et faire cuire 20 minutes à four doux, 160 °C/thermostat 3. Le riz aura fini de cuire en absorbant une partie des jus du korma. Le résultat est un savoureux mélange de korma et de riz imprégné d'épices. Humecter le dessus avec l'eau ou le lait safrané.

Vous pouvez préparer le riz et le korma à l'avance et les dresser dans le plat de service. Faire cuire 20 minutes à four préchauffé et servir aussitôt.

agneau aux herbes et poivre noir (kaalee mirch cha mutton) *côte du konkan*

Cette recette me vient de la famille d'un cuisinier du Konkan. C'est la région de prédilection de la coriandre fraîche ; quant au poivre, il est originaire de Calicut, juste au sud de Goa. Ne vous laissez par rebuter par la quantité d'ingrédients.

Pour 6 personnes

2 tasses de feuilles de coriandre
1/2 tasse de feuilles de menthe
1/2 tasse de noix de coco râpée
env. 20 amandes mondées ou noix de cajou au naturel
6 piments verts
une pincée de graines de moutarde ou de moutarde en poudre ou 1/2 cuil. à café de moutarde
4 cuil. à soupe d'huile
1 bâton de cannelle de 1,5 cm, émietté
4 gousses de cardamomes vertes
3 clous de girofle
200 g d'oignons, hachés fin
4 gousses d'ail, hachées
1 morceau de gingembre de 2,5 x 1,5 cm, pelé et haché
1 kg de viande d'agneau à cuire, désossée et coupée en dés de 2,5 cm
1/2 cuil. à café de curcuma
1 1/2 cuil. à café de coriandre en poudre
3/4 de cuil. à café de cumin
100 ml de yaourt fouetté
sel
1 cuil. à soupe de jus de citron
1 cuil. à café de poivre noir
1/2 cuil. à café de garam masala
1 cuil. à soupe de feuilles de coriandre, hachées

1 Mettre les feuilles de coriandre et de menthe, la noix de coco, les amandes, les piments verts et la moutarde dans un blender. Ajouter 65 ml d'eau et réduire en purée.

2 Faire chauffer l'huile dans une sauteuse et faire griller la cannelle, les cardamomes et les clous de girofle 1 minute avant d'ajouter les oignons. Laisser revenir 15 minutes jusqu'à ce qu'ils brunissent, puis ajouter l'ail, le gingembre et la viande. Faire sauter 5 minutes à feu moyen-vif. Ajouter les poudres de curcuma, coriandre et cumin en remuant quelques minutes pour bien en enduire la viande.

3 Régler sur feu doux puis verser lentement le yaourt en mélangeant bien pendant 2 à 3 minutes. Adjoindre ensuite la purée d'herbes, 400 ml d'eau et 1 cuillerée à café de sel. Porter à ébullition puis laisser mijoter environ 45 minutes à couvert. Verser le jus de citron puis vérifier l'assaisonnement. Pour un curry plus liquide, ajouter un peu d'eau.

4 Au moment de servir, saupoudrer de poivre noir moulu et de garam masala. Bien mélanger, puis dresser sur un plat de service et garnir de feuilles de coriandre fraîches.

Parfait avec un riz Basmati cuit à l'eau.

korma de manche de gigot d'agneau (nalli korma) *lucknow*

Cette spécialité de Lucknow est réalisée uniquement avec des manches de gigot d'agneau, appelés *nalli* en Inde. La sauce, épaisse et très parfumée, n'est pas particulièrement relevée mais riche des arômes de la cardamome, du macis, de l'essence de fleur de kéora et du safran.

Dans ce plat d'influence moghole, les amandes devaient sûrement remplacer jadis les noix de cajou utilisées aujourd'hui. Vous pouvez mélanger les deux, pour un effet encore plus réussi. La saveur et la consistance du bouillon à la moelle est indispensable à la réalisation de ce plat. Si vous préférez prendre une viande désossée, préparez un bouillon avec les manches de gigot, 2 gousses d'ail, 1 feuille de laurier ; laissez cuire 1 heure puis filtrez. Utilisez ce bouillon pour confectionner la sauce.

Pour 4 personnes

quelques filaments de safran
1 cuil. à soupe d'eau de kéora ou d'eau de rose
100 ml d'huile
400 g d'oignons, émincés
40 g de noix de cajou (ou amandes et noix de cajou en mélange)
4 piments verts, hachés
2 feuilles de cannelle ou de laurier
1 cuil. à soupe de gingembre frais, haché
1 cuil. à soupe d'ail haché
1 kg de manches de gigot d'agneau
2 cuil. à café de coriandre en poudre
1 cuil. à café de poudre de garam masala
sel
2 cuil. à café de piment rouge en poudre
3 cuil. à soupe de yaourt au lait entier
3/4 de cuil. à café de macis en poudre
1/3 de cuil. à café de cardamome en poudre (ou 3 cardamomes vertes pilées avec un peu d'eau)
le jus d'1 lime

1 Faire tremper les filaments de safran dans l'eau de rose ou de kéora pendant 15 minutes au minimum.

2 Faire chauffer l'huile dans une cocotte et y faire revenir les oignons jusqu'à ce qu'ils brunissent. Ajouter les noix de cajou et, le cas échéant, les amandes ; continuer à faire rissoler pour que les oignons soient bien dorés.

3 À l'aide d'une spatule, exprimer l'huile en pressant les oignons contre la paroi de la cocotte. Les retirer ainsi que les noix, et les laisser refroidir dans un bol. Les réduire en purée au mixeur.

4 Dans le reste de l'huile, faire revenir les piments verts, la feuille de cannelle ou de laurier, le gingembre, l'ail, l'agneau, la poudre de coriandre et la moitié du *garam masala* avec 1 1/2 cuillerée à café de sel pendant 10 minutes en remuant sans cesse. Ajouter ensuite le piment en poudre, et le yaourt et mélanger pendant 3 minutes à feu doux, puis laisser mijoter jusqu'à absorption du yaourt.

5 Incorporer la purée d'oignons frits et bien mélanger. Ajouter le reste du *garam masala*, le macis et la cardamome en poudre et faire revenir quelques minutes. Ajouter 800 ml d'eau et laisser cuire jusqu'à ce que la viande soit tendre. Avant de dresser sur le plat de service, verser le jus de lime et le safran dans son eau d'infusion.

On peut remplacer les manches de gigot, beaucoup plus petits en Inde qu'en Occident, par des côtelettes d'agneau ou des tranches de gigot.

curry de viande aux pommes de terre aromatisé au cumin(jeera aloo salan) *lucknow*

Salan est le terme employé par les musulmans indiens pour désigner un curry de viande et de légumes en mélange. La viande cuisinée avec des pommes de terre est un plat très prisé dans toute l'Inde du Nord et le Pakistan. Cette recette me vient d'une famille de gastronomes musulmans de Lucknow.

Pour 4 personnes

4 pommes de terres, à peine plus grosses qu'un œuf
1 cuil. à café de poudre de garam masala
2 cuil. à café de coriandre en poudre
1 cuil. à café de cumin en poudre
1 cuil. à café de piment rouge ou de paprika en poudre
65 ml d'huile
3/4 de cuil. à café de graines de cumin
200 g d'oignons, émincés
2 feuilles de cannelle ou de laurier
2 grosses cardamomes noires
6 cardamomes vertes
1 éclat de macis de 5 mm
2 cuil. à café d'ail, haché
2 cuil. à café de gingembre frais, haché
700 g de mouton à cuire + 2 ou 3 os, grossièrement coupés
1 bâton de cannelle de 5 cm
6 clous de girofle
200 g de tomates, concassées

1 Frotter les pommes de terre au sel et laisser en attente 15 minutes. Rincer et sécher. Mélanger les 4 poudres d'épice avec 2 cuillerées à café d'eau pour obtenir une pâte. Réserver.

2 Faire chauffer l'huile et les graines de cumin dans une cocotte. Ajouter les pommes de terre et les faire revenir jusqu'à ce qu'elles soient dorées et croustillantes. Les sortir et les réserver. Retirer les graines de cumin et filtrer l'huile, puis en verser 3 cuillerées à soupe dans la cocotte.

3 Ajouter les oignons et les laisser brunir en remuant de temps en temps. Ajouter les feuilles de cannelle ou de laurier, les cardamomes noires en graines, les vertes, entières, et le macis. Faire revenir jusqu'à ce que les oignons soient bien colorés, environ 25 minutes en tout.

4 Ajouter la pâte épicée et faire rôtir 1 minute ou 2, en remuant, puis verser 2 cuillerées à soupe d'eau. Ajouter l'ail et le gingembre et faire rôtir 30 secondes de plus.

5 Incorporer la viande et les os avec la cannelle et les clous de girofle, et faire sauter 5 à 7 minutes en remuant de temps à autre. Ajouter les tomates et faire revenir jusqu'à ce qu'elles aient rendu leur eau.

6 Verser 700 ml d'eau et 1 1/4 cuillerée à café de sel, couvrir et laisser mijoter 35 minutes. Adjoindre les pommes de terre sautées et laisser cuire jusqu'à ce que la viande soit tendre, sans dépasser 8 à 10 minutes pour les pommes de terre. Retirer les os et les feuilles de cannelle ou de laurier, vérifier l'assaisonnement. Pour allonger le curry, ajouter 100 ml d'eau.

agneau aux épices d'achards (aachar gosht) *bhopal*

Les achards sont généralement faits à partir d'huile de moutarde aromatisée avec un mélange spécial d'épices (les mêmes que celles qui entrent dans cette recette). Ce curry puise ses origines dans les familles princières de Bhopal et figura pour la première fois sur un menu de restaurant au *Haveli* de l'hôtel *Taj Mahal*, à Delhi. Je vous en donne ici une version simplifiée.

Ce plat, caractérisé par sa note légèrement acide et sa couleur verte, n'est pas aussi relevé que les ingrédients pourraient le laisser croire car les piments s'adoucissent sous l'effet du yaourt. L'huile traditionnellement employée est l'huile de moutarde. Elle a un parfum prononcé qui n'est pas au goût de tous, mais on peut la remplacer par une autre. Les piments verts sont utilisés entiers, mais on peut les épépiner pour les rendre moins forts. La sauce n'étant pas très abondante, ce plat s'accompagne mieux d'un *pulao* que d'un simple riz blanc, ou de *roti* ou de *paratha*.

Pour 4 personnes

700 g de mouton à cuire + quelques os, ou 4 côtelettes d'agneau et des morceaux à cuire
250 g de yaourt au lait entier
1 tasse bien pleine de coriandre fraîche (feuilles et tiges)
250 g d'oignons hachés
2 cuil. à café d'ail, haché
1 1/2 cuil. à café de gingembre frais, haché
1 1/2 cuil. à café de graines de fenouil
1 cuil. à café de graines de cumin
3/4 de cuil. à café de graines de moutarde
1 cuil. à café de graines de nigelle (kalonji)
3/4 de cuil. à café de graines de fenugrec
8 piments verts longs et minces ou piments d'Espagne
50 ml d'huile
1 pincée de curcuma
sel

1 Faire tremper la viande 15 minutes à l'eau tiède pour l'éclaircir. Passer le yaourt et la coriandre au mixeur et réserver. Réduire les oignons, l'ail et le gingembre en purée de la même façon.

2 Concasser légèrement dans un mortier les graines de fenouil, de cumin, de moutarde, de nigelle et de fenugrec. Fendre les piments sur leur longueur et les farcir avec la moitié du mélange d'épices. Réserver l'autre moitié.

3 Faire chauffer l'huile dans une sauteuse. Ajouter les piments et les faire revenir jusqu'à ce qu'ils pâlissent. Incorporer la purée d'oignons et laisser cuire 7 à 10 minutes à feu moyen, jusqu'à ce que le mélange prenne une teinte rose.

4 Baisser le feu, ajouter le mélange d'épices réservé et faire revenir 1 minute, puis verser le yaourt, saupoudrer de curcuma et d'1 cuillerée à café de sel en remuant sans arrêt pour empêcher la formation de grumeaux. Porter à ébullition avant d'ajouter la viande (et les os, le cas échéant) et bien mélanger. Attendre 1 minute avant de baisser le feu au minimum, puis couvrir et laisser mijoter jusqu'à cuisson complète (45 minutes environ). Retirer les os avant de servir.

agneau aux épinards (palak gosht) *penjab*

Le Penjab se distingue par sa cuisine roborative. Les champs regorgent de blé, de riz, de maïs, de moutarde, de tomates et d'autres légumes délicieux que les habitants savent accommoder au mieux et qu'ils aiment couvrir de beurre fait maison. Ils sont aussi très friands de poulet et de mouton !

Voici une recette de ménage, proposée également dans les restaurants, qui s'accompagne fort bien de *paratha* ou de *roti*.

Pour 4 personnes

700 g de viande d'agneau
1 morceau de gingembre frais de 2 cm x 5 mm
2 grosses gousses d'ail
1 ou 2 piments verts
100 ml de yaourt
1/4 cuil. à café de cumin en poudre
200 g d'épinards frais ou d'épinards congelés en purée
50 ml d'huile
1 feuille de cannelle ou de laurier
1 cardamome noire
2 clous de girofle
225 g d'oignons, hachés
1 cuil. à café de coriandre en poudre
1/2 cuil. à café de cumin en poudre
2 tomates de grosseur moyenne, concassées
1 cuil. à soupe de purée de tomates
1 cuil. à café de sel
1 pincée de muscade en poudre
1 noix de beurre (facultatif)

1 Faire tremper la viande 15 minutes à l'eau tiède pour l'éclaircir.

2 Réduire le gingembre, l'ail et le piment vert en purée dans un mixeur. Fouetter le yaourt et l'ajouter à cette purée avec le 1/4 de cuillerée de cumin en poudre.

3 Mettre la viande à mariner 1 heure au minimum dans ce mélange.
Dans l'intervalle, faire blanchir les épinards 10 secondes à l'eau bouillante avec 1 pincée de sel, puis égoutter et réduire en purée.

4 Faire chauffer l'huile dans une cocotte avec la feuille de cannelle ou de laurier, la cardamome et les clous de girofle. Quand l'huile est vraiment chaude et que le laurier commence à frire, ajouter les oignons. Faire revenir 15 minutes à feu doux à moyen.

5 Ajouter la poudre de coriandre et faire rôtir 2 minutes en remuant sans arrêt. Ajouter la 1/2 cuillerée de cumin et mouiller d'eau 10 secondes plus tard. Laisser cuire les épices.

6 Incorporer la viande avec sa marinade, bien mélanger et laisser mijoter 10 minutes jusqu'à absorption du yaourt. Faire revenir la viande 3 minutes en remuant sans arrêt, puis ajouter les tomates et la purée de tomates et laisser cuire quelques minutes. Verser 250 ml d'eau chaude et 3/4 de cuillerée à café de sel. Baisser le feu au minimum, couvrir et laisser mijoter. Quand la viande est presque cuite, ajouter la purée d'épinards, rectifier l'assaisonnement et bien mélanger. Prolonger la cuisson 5 minutes à découvert. Au moment de servir, saupoudrer de muscade et ajouter la noix de beurre.

agneau à la cardamome (elaichi gosht)
recette sindhi, de bombay

Les Sindhi hindous ont émigré en Inde en 1947 (le Sind est aujourd'hui une province du Pakistan) pour s'installer en grande majorité à Mumbai. On ne peut déguster leur cuisine qu'en famille. Voici la recette de ma mère. Très facile à suivre, elle nécessite peu d'ingrédients.

Ce plat d'agneau au goût délicat, servi avec une sauce légère parfumée à la cardamome *(elaichi)* et au poivre noir, est très prisé chez les Sindhi. Dans plusieurs régions de l'Inde, les mets au poivre sont recommandés aux femmes après l'accouchement, et dans la province du Sind, aux environs d'Hyderabad, on servait ce plat *tous les jours* aux jeunes mamans. Traditionnellement servi avec des *chapati*, il s'accompagne aussi bien de riz.

Pour 6 personnes

1 kg de viande d'agneau, avec ou sans os
100 ml de yaourt au lait entier
35 cardamomes vertes
50 ml d'huile
2 cuil. à café de poivre noir moulu
1 cuil. à café de curcuma en poudre
1 cuil. à café de piment en poudre
2 cuil. à café de coriandre en poudre
3 tomates de grosseur moyenne (plutôt acides), concassées
sel

1 Si la viande n'est pas désossée, la rincer à l'eau tiède. Battre le yaourt à la fourchette.

2 Broyer les gousses de cardamome au mixeur avec un peu d'eau, ou à sec dans un moulin à café en ajoutant ensuite un peu d'eau pour obtenir une pâte.

3 Faire chauffer l'huile dans une cocotte. Ajouter la pâte de cardamome et le poivre et faire rôtir à feu doux 2 à 3 minutes. Ajouter la viande, les poudres de curcuma, de piment et de coriandre et faire revenir 10 minutes, en remuant sans cesse pour empêcher d'attacher et en mouillant d'eau si nécessaire.

4 Baisser le feu et ajouter le yaourt et les tomates, saler et prolonger le rissolage 5 minutes encore. Verser 800 ml d'eau environ, couvrir et laisser mijoter jusqu'à ce que la viande soit cuite.

Le secret de la réussite de ce plat réside dans le temps de rissolage du mélange viande et épices – 10 minutes (étape 3) – au cours duquel on doit veiller à ne pas faire brûler ces dernières. Il faut donc réduire le feu et utiliser la quantité d'huile recommandée.

curry d'agneau mijoté aux oignons et au yaourt (seyal gosht) *recette sindhi, de bombay*

En sindhi, *seyal* désigne une cuisson avec des oignons et des herbes sans ajouter d'eau. La viande d'agneau (ou de mouton, en Inde) est braisée avec beaucoup d'oignons hachés, des tomates et du yaourt, et aromatisée avec des épices entières ou moulues et des herbes. C'est un bon curry familial, avec une sauce onctueuse. On le sert avec des *roti* ou dressé sur des tranches de pain, la sauce s'y prêtant bien.
Présenté ainsi, c'est un mets idéal pour un brunch, un déjeuner dominical ou un goûter dînatoire. Si vous préférez, un riz *pulao* l'accompagnera très bien.

Pour 6 personnes
850 g de gros oignons, hachés
450 g de tomates
300 ml de yaourt au lait entier
2 tasses de feuilles de coriandre
3 piments verts
1 kg d'agneau, viande à cuire et côtelettes en mélange
4 feuilles de cannelle ou de laurier
2 grosses cardamomes noires
6 cardamomes vertes
1 éclat de macis
1 bâton de cannelle de 5 cm
12 grains de poivre
6 clous de girofle
130 ml d'huile
6 cuil. à café de gingembre frais, haché
6 cuil. à café d'ail, haché
4 1/2 cuil. à café de coriandre en poudre
2 cuil. à café de cumin en poudre
1/2 cuil. à café de curcuma
2 cuil. à café de piment rouge en poudre (ou de paprika)
1 cuil. à café de graines de carvi
1 cuil. à café de cardamome verte en poudre
sel

1 Réduire les oignons en purée au mixeur et réserver dans un bol. Réduire ensuite les tomates en purée de la même façon et les réserver dans un autre bol.

2 Mixer le yaourt avec les feuilles de coriandre et les piments verts. Laisser mariner la viande dans ce mélange 1 heure au minimum.

3 Faire un bouquet garni en nouant les feuilles de cannelle ou de laurier, les cardamomes noires et vertes, le macis, la cannelle, le poivre et les clous de girofle dans une étamine. (En Inde, on met les épices directement dans la cocotte ; vous pouvez faire de même si vous ne craignez pas de les retrouver dans votre assiette.)

4 Faire chauffer la moitié de l'huile dans une cocotte, ajouter les oignons en purée et laisser cuire 20 minutes à feu moyen pour leur faire rendre une partie de leur eau. Remuer de temps en temps.

5 Dans l'intervalle, verser le reste d'huile dans une poêle avec le bouquet garni ou les épices entières. Laisser rôtir 2 minutes à feu doux puis ajouter l'ail et le gingembre et, 2 minutes plus tard, les poudres de coriandre, de cumin, de curcuma et de piment rouge avec 3 cuillerées à soupe d'eau. Bien mélanger avec l'huile. Faire revenir 2 minutes avant d'incorporer le mélange d'oignons.

6 Ajouter les tomates en purée et faire revenir 5 minutes environ. Laisser refroidir avant d'ajouter la viande et le yaourt puis laisser mariner 1 heure de plus.

7 Ajouter 2 cuillerées à café de sel et bien mélanger. Faire cuire 5 minutes à feu vif pour saisir la viande et en conserver les sucs. Baisser ensuite le feu et laisser cuire à feu doux jusqu'à cuisson complète. On peut aussi transférer le curry dans un plat en terre cuite et terminer la cuisson au four, 1 heure 30 à 160 °C (thermostat 3). Avant de servir, retirer le bouquet garni, puis saupoudrer de graines de carvi pilées et de cardamome en poudre qui dégageront un délicieux arôme.

agneau aux abricots (jardaloo boti) *bombay*

L'agneau ou le poulet aux abricots est une spécialité parsi très prisée, l'influence persane se faisant sentir dans le choix des variétés de fruits utilisées. Les meilleures viennent de Hunza ou d'Afghanistan, mais on peut leur substituer des fruits de supermarché.

Ce plat, facile à préparer, a une note aigre-douce. Il s'accompagne très bien d'un riz jaune mais peut aussi être servi avec des légumes, à l'occidentale.

Pour 4 personnes

100 g d'abricots secs variété Hunza
50 ml d'huile
2 oignons, hachés très fin
1 morceau de gingembre frais d'1 cm, haché
2 grosses gousses d'ail, hachées fin
1 bâton de cannelle de 7 cm
6 cardamomes vertes
1 1/2 cuil. à café de piment rouge en poudre
1/2 cuil. à café de cumin en poudre
2 tomates, concassées
700 g de viande d'agneau à cuire
3/4 de cuil. à café de poudre de garam masala
1/4 de cuil. à café de poivre noir moulu
sel
1 cuil. à café de vinaigre de vin + quelques gouttes
1 cuil. à café de sucre

1 Faire tremper les abricots dans 200 ml d'eau additionnée d'1/2 cuillerée à café de vinaigre pendant 3 heures. Les dénoyauter.

2 Faire chauffer l'huile dans une cocotte et y faire dorer les oignons une dizaine de minutes. Ajouter l'ail et le gingembre. Attendre 3 minutes, puis ajouter la cannelle et les cardamomes. 1 minute plus tard, ajouter les poudres de piment et de cumin et bien remuer.

3 Adjoindre les tomates et faire cuire 5 minutes. Puis incorporer la viande, la poudre de *garam masala* et le poivre, et faire rissoler 5 minutes environ dans les épices. Saler, mouiller de 200 ml d'eau et laisser mijoter à feu très doux jusqu'à cuisson complète. Si tout le liquide s'évapore, rajouter 100 ml d'eau.

4 Quand la viande est cuite, ajouter 1 cuillerée à café de vinaigre, le sucre et les abricots égouttés, puis prolonger la cuisson 10 minutes en mélangeant bien. Servir.

curry bori (kaari) *bombay*

Les Boris forment une communauté de commerçants musulmans originaires du Gujarat ; aujourd'hui majoritairement installés à Mumbai, certains vivent encore au Gujarat. Leur cuisine est appréciée des habitants de Mumbai. Ce curry est mal connu, car il n'est jamais proposé dans les restaurants. Appelé *kaari*, il est aussi dénommé curry *chawal* (*chawal* signifie « riz », donc riz au curry) par les adeptes de l'Agha Khan, autre communauté musulmane. Ce plat jaune d'or a une texture crémeuse et une saveur douce où les parfums moghols des amandes et des noix se mêlent aux saveurs de Mumbai – noix de coco, graines de sésame et feuilles de cari.

Pour 4 personnes

10 amandes, 8 noix de cajou
1 cuil. à soupe de cacahuètes grillées
1 cuil. à soupe de pois chiches frais grillés
2 cuil. à café de graines de sésame
1 oignon, haché
4 cuil. à café rases de graines de coriandre
12 piments rouges entiers séchés
6 cuil. à café de noix de coco séchée
70 g de noix de coco fraîche, émincée
25 g de pulpe de tamarin
250 g de pommes de terre
65 ml d'huile, sel
5 clous de girofle
1 bâton de cannelle de 15 cm
6 grains de poivre
15 feuilles de cari
250 g de petits oignons, émincés
700 g d'agneau à cuire et quelques os pour le bouillon
1/2 cuil. à café de curcuma
1/2 cuil. à café de garam masala
3 piments verts
1/2 tasse de feuilles de coriandre et 1 cuil. à soupe de feuilles de menthe, hachées

1 Préparer le mélange d'épices en faisant rôtir amandes, noix de cajou, cacahuètes, pois chiches, graines de sésame et l'oignon à la poêle pendant 5 minutes. Retirer du feu et réserver. Faire rôtir ensuite les graines de coriandre et de cumin, les piments rouges séchés et la noix de coco pendant 2 minutes seulement (la poêle étant déjà chaude). Verser toutes les épices dans un mixeur, ajouter 100 ml d'eau et réduire en pâte.

2 Couper la noix de coco fraîche en morceaux. Passer au mixeur avec 400 ml d'eau. Filtrer et réserver.

3 Faire tremper la pulpe de tamarin dans 100 ml d'eau. Éplucher les pommes de terre et les couper en 2 par le travers, ou en quartiers si elles sont grosses.

4 Faire chauffer l'huile dans une cocotte, ajouter les clous de girofle, la cannelle, le poivre, la moitié des feuilles de cari et faire rôtir à feu doux 2 minutes. Ajouter les pommes de terre et un peu de sel et faire revenir 5 minutes. Retirer les pommes de terre et réserver.

5 Ajouter les oignons émincés et faire revenir 7 à 8 minutes. Incorporer la viande et faire braiser 5 minutes, puis ajouter le reste des feuilles de cari. Verser 600 ml d'eau, saler et laisser cuire 40 minutes à feu doux.

6 Ajouter la pâte de noix et d'épices, les poudres de curcuma et de *garam masala* et les piments. Incorporer l'eau de tamarin et remuer.

7 Ajouter les pommes de terre, le lait de coco, les feuilles de coriandre et de menthe, et laisser cuire 30 minutes à couvert ou jusqu'à cuisson complète de la viande. Retirer du feu et tenir à couvert jusqu'au moment de servir.

Si vous avez du mal à trouver des pois frais, achetez de la farine de pois chiche chez un épicier indien, car elle est faite avec des pois frais grillés. Une cuillerée à soupe de cette farine constituera un équivalent pour le mélange d'épices.

curry de mouton (à la mode de l'andhra) *nellore*

En Inde, le terme « mouton » désigne en fait la viande de chevreau, mais ce curry s'accommodera aussi bien des deux. La cuisine de l'Andhra Pradesh est la plus épicée de toutes les cuisines indiennes, car la poudre de piment utilisée, celle de Guntur, est la plus piquante. Toutefois, dans cette recette qui me vient de la famille de M. Chenna Reddy, ancien Premier ministre de cet État et fin gastronome, les vertus rafraîchissantes du yaourt contrebalancent le feu du piment. Mme Reddy supervise elle-même la cuisine et je vous livre sa recette. J'ai réduit la quantité d'ail et de gingembre d'une demi-cuillerée chacun, de crainte que la mesure complète ne soit trop forte.

Ce curry s'accompagne généralement de riz, mais si l'on épaissit la sauce en ajoutant moins d'eau, il va délicieusement bien avec des *roti*.

Pour 4 personnes

150 ml de yaourt au lait entier
2 1/2 cuil. à café d'ail en purée
2 1/2 cuil. à café de gingembre en purée
2 cuil. à café de piment rouge en poudre
1/2 cuil. à café de curcuma en poudre
2 cuil. à soupe de feuilles de coriandre, hachées
700 g de mouton à cuire
3 cuil. à soupe d'huile
2 oignons de grosseur moyenne, hachés fin
4 cardamomes vertes
4 clous de girofle
3 tomates de grosseur moyenne, concassées
1/2 cuil. à café de graines de carvi
10 à 12 feuilles de cari
sel

1 Fouetter le yaourt et lui ajouter les purées d'ail et de gingembre, les poudres de piment et de curcuma et les feuilles de coriandre. Bien mélanger. Faire mariner la viande dans ce mélange pendant 2 à 4 heures. Si le temps est chaud, mettre la viande au réfrigérateur.

2 Faire chauffer l'huile dans une cocotte et y faire brunir les oignons. Ajouter les cardamomes et les clous de girofle et faire rôtir 1 minute.

3 Incorporer la viande avec sa marinade et, 5 minutes plus tard, réduire le feu au minimum. Laisser cuire 10 minutes environ jusqu'à absorption de la marinade. Puis faire revenir (ou *bhuna*) la viande en remuant sans arrêt pendant 5 minutes environ.

4 Ajouter alors les tomates et laisser cuire 5 minutes jusqu'à absorption du liquide. Puis refaire le *bhuna* pendant 5 minutes.

5 Ajouter les graines de carvi et les feuilles de cari, saler et remuer 2 minutes. Puis verser 600 à 800 ml d'eau chaude (selon la consistance désirée pour la sauce) et laisser mijoter à couvert jusqu'à cuisson complète de la viande.

Vous pouvez ajouter des pommes de terre dans ce curry. Dans ce cas, pelez et coupez en quartiers 2 pommes de terre de grosseur moyenne ou 6 à 8 petites que vous laisserez entières. Incorporez-les au plat 20 minutes avant la fin de la cuisson. Augmentez la quantité d'eau de 150 ml et rajoutez 1 pincée de sel.

agneau aux prunes (gosht alu bakhara) *penjab*

Voici l'un des currys les plus singuliers que je connaisse. C'est une spécialité du Veeraswamy de Piccadilly, à Londres, le plus ancien restaurant indien du monde. Elle nous vient d'Hyderabad, comme Edward Palmer, le fondateur du Veeraswamy dont la grand-mère était une princesse hyderabadi.

Pour 4 personnes

4 cuil. à soupe d'huile
2 oignons de taille moyenne, hachés
1 morceau de gingembre de 2,5 x 1 cm, pelé et haché
3 clous de girofle
4 cardamomes vertes
1 bâton de cannelle de 2,5 cm
3 piments verts, hachés fin
1/4 de cuil. à café de curcuma en poudre
1 1/2 cuil. à café de coriandre en poudre
2 cuil. à café de piment rouge en poudre
700 g de viande d'agneau à cuire, désossée
1 cuil. à café de sel
1 1/2 tasse de prunes (la moitié hachée fin, l'autre coupée en quartiers)
3 cuil. à soupe de feuilles de coriandre, hachées
225 ml de bouillon d'os de mouton ou, à défaut, d'eau

1 Faire chauffer l'huile dans une grande sauteuse et faire revenir les oignons jusqu'à ce qu'ils dorent et commencent à brunir (soit environ 10 à 15 minutes). Ajouter l'ail, le gingembre, les clous de girofle, les cardamomes, la cannelle et les piments. Faire rôtir 1 minute puis ajouter les poudres de curcuma, coriandre et piment. Bien mélanger.

2 Adjoindre la viande, saler et faire revenir 5 minutes dans le mélange d'épices. Puis couvrir et laisser cuire une dizaine de minutes à l'étouffée avec les oignons, sur feu moyen. Quand la viande commence à sécher, faire dorer le mélange sans cesser de remuer.

3 Ajouter les prunes hachées et laisser cuire avec l'agneau, en remuant de temps à autre. Adjoindre 2 cuillerées de feuilles de coriandre hachées et le bouillon de viande ou l'eau, porter à ébullition et laisser mijoter 30 minutes à feu doux. Ajouter les quartiers de prune et finir la cuisson de la viande. Dresser dans un plat de service et saupoudrer du reste de coriandre fraîche.

Ce plat s'accompagne de riz pilaf ou bien de roti ou de naan.

viande aux lentilles (dalcha) *hyderabad*

Dans le nord et l'ouest de l'Inde, on cuisine volontiers la viande d'agneau ou de mouton avec des lentilles : *daal gosht* pour les Indiens du nord, *dhansak* pour les parsis de la côte ouest, *khichda* pour les parsis de Mumbai et *haleem* et *dalcha* des musulmans d'Hyderabad. Ce dernier a un petit goût acide avec des notes aromatiques de feuilles de cari et de coriandre fraîche.

Pour 8 personnes

quelques os de mouton
1 feuille de laurier
1 gousse d'ail
250 g de lentilles chana dal
250 g de lentilles toor dal
50 g de tamarin
sel
3/4 de cuil. à café de curcuma
6 piments verts, hachés
3 cuil. à soupe de feuilles de coriandre, hachées
25 feuilles de cari
8 cuil. à soupe d'huile
250 g d'oignons, émincés
6 clous de girofle
6 cardamomes vertes
1 bâton de cannelle de 10 cm
2 cuil. à café de piment rouge en poudre
3 cuil. à café d'ail en purée
3 cuil. à café de gingembre en purée
700 g d'agneau à cuire
3 tomates, concassées

Pour l'assaisonnement

6 piments rouges séchés (facultatif)
3 gousses d'ail, pilées
1 cuil. à café de graines de cumin
1/4 de cuil. à café de graines de moutarde
1/3 de cuil. à café de poudre de garam masala

1 Mettre les os à bouillir dans 5 tasses d'eau avec la feuille de laurier et la gousse d'ail pendant 30 minutes. Écumer, puis filtrer le bouillon et réserver.

2 Laver les deux variétés de *dal* et les mettre à tremper séparément pendant 4 heures. Faire tremper le tamarin 1 heure dans 1 tasse d'eau, puis exprimer le jus, filtrer et réserver l'eau.

3 Mettre les deux *dal* dans une cocotte avec 8 tasses d'eau et 1 cuillerée à café de sel, la poudre de curcuma, 3 piments verts, 1 cuillerée à soupe de feuilles de coriandre, 10 feuilles de cari. Laisser cuire 1 heure 30 ou jusqu'à cuisson complète. Mixer pour obtenir une consistance crémeuse.

4 Faire chauffer la moitié de l'huile dans une autre grande cocotte et y faire revenir les oignons 5 à 7 minutes. Ajouter ensuite les clous de girofle, les cardamomes, la cannelle, les piments verts restants, la poudre de piment rouge, le reste de coriandre, 10 feuilles de cari et les purées d'ail et de gingembre. Remuer pour empêcher les épices d'attacher. Mouiller au besoin avec 2 cuillerées à soupe d'eau.

5 Incorporer l'agneau et faire revenir 5 minutes à feu doux. Ajouter les tomates et laisser cuire 5 minutes de plus. Ajouter la purée de *dal* et le bouillon, et compléter avec de l'eau jusqu'à 4 tasses. Saler (1/2 de cuillerée à café environ) et laisser mijoter à couvert jusqu'à ce que la viande soit cuite. Compter 50 à 60 minutes. Ajouter alors l'eau de tamarin et les dernières feuilles de cari, et laisser mijoter quelques minutes de plus.

6 Juste avant de servir, chauffer le restant d'huile dans une grande louche ou une petite poêle et y faire frire les piments rouges brisés en deux, l'ail, les graines de cumin et de moutarde et la poudre de *garam masala* (dans cet ordre). Laisser frire 10 secondes après avoir incorporé le dernier ingrédient. Verser cet assaisonnement sur le curry et remuer.

curry d'agneau (à la mode de madras) *tamil nadu*

Le fameux curry de Madras proposé dans les restaurants occidentaux est introuvable dans la ville du même nom ! Mais un jour que je voyageais dans un coin perdu sur la côte de Coromandel, près de Tranquebar, ancienne colonie danoise du XVIIe siècle, je me retrouvai à l'heure du déjeuner loin de tout endroit où manger. Le cuisinier du village me prépara un fabuleux curry de mouton dont je vous livre la recette ici, avec de l'agneau. Facile à faire, c'est un plat idéal pour un petit dîner en famille ou entre amis.

Pour 6 personnes

120 g de noix de coco fraîche
8 à 12 piments rouges entiers, séchés
3 cuil. à café de paprika en poudre
1 morceau de gingembre frais de 2,5 x 1 cm
6 grosses gousses d'ail
3 cuil. à café de coriandre en poudre
4 grains de poivre
2 feuilles de cannelle ou de laurier
1 bâton de cannelle de 10 cm
6 clous de girofle
1 cuil. à café de graines de cumin
1 cuil. à café de graines de pavot
½ cuil. à café de graines de fenouil
3 cuil. à soupe d'huile
2 gros oignons, hachés
1 kg de viande d'agneau à cuire
3 tomates, coupées en morceaux
sel

1 Couper le morceau de noix de coco en 2 : réserver la première moitié, coupée en petits morceaux pour être moulue avec les épices ; couper l'autre moitié en morceaux et les passer au mixeur avec 2 tasses d'eau chaude. Émulsionner, puis filtrer et réserver le lait de coco obtenu.

2 Concasser les morceaux de noix de coco, les piments, l'ail, le gingembre et les autres épices et les réduire en pâte au moulin avec un peu d'eau.

3 Faire chauffer l'huile dans une cocotte et y faire brunir les oignons. Ajouter la pâte d'épices et laisser rôtir 15 minutes environ à feu doux, en incorporant 3 cuillerées à soupe d'eau en cours de cuisson.

4 Ajouter la viande et la faire sauter 5 minutes à feu moyen. Ajouter les tomates et faire revenir 5 minutes de plus. Saler.

5 Verser 4 tasses d'eau chaude et laisser cuire à couvert jusqu'à cuisson complète (50 à 60 minutes environ). Incorporer alors le lait de coco et laisser mijoter quelques minutes avant de servir.

vindaloo d'agneau à la goanaise *goa*

Le *vindaloo*, spécialité des descendants de Portugais, se retrouve aussi dans les régions autrefois sous domination portugaise. Il se compose essentiellement de piments, de *garam masala*, d'ail et de vinaigre. Le terme *vindaloo* est formé du mot *vin*, pour « vinaigre », et d'*aloo*, dérivé d'*alho*, « ail » en portugais. Les piments ont été introduits à Goa par les Portugais et les épices du *garam masala* sont à la base du commerce des XVIe et XVIIe siècles.

Voici l'une des meilleures recettes de *vindaloo*. Vous pouvez la pimenter à votre goût. Phil Mendes, de Goa, qui m'a confié cette recette et aime manger épicé mais sans exagération, épépine les piments. Le *vindaloo* de Goa est traditionnellement cuisiné avec du porc. Idéal avec un riz blanc.

Pour 4 personnes

15 à 20 piments rouges entiers (kashmiri de préférence) ou 3½ cuil. à café de poivre de cayenne
1 cuil. à café de graines de cumin
6 clous de girofle
1 bâton de cannelle de 5 cm
10 grains de poivre
¼ d'anis étoilé
1 cuil. à café de graines de pavot
1 morceau de gingembre de 5 cm x 5 mm
6 grosses gousses d'ail
1 cuil. à soupe de pulpe de tamarin
4 cuil. à soupe de vinaigre de cidre
65 ml d'huile
3 oignons moyens, hachés fin
700 g d'agneau à cuire, coupé en dés
sel
½ cuil. à café de jaggery (sucre de palme), à votre goût
15 feuilles de cari

1 Faire tremper les piments dans un peu d'eau pour les ramollir. Passer ensuite toutes les épices, l'ail, le gingembre et le tamarin au moulin avec le vinaigre pour obtenir une pâte fine. Enduire la viande d'un peu de ce mélange et laisser mariner 15 minutes.

2 Faire chauffer l'huile dans une cocotte et y faire brunir les oignons pendant 15 à 20 minutes. Ajouter la pâte d'épices et faire revenir encore 5 minutes sans cesser de remuer, en ajoutant 2 cuillerées d'eau si nécessaire.

3 Adjoindre la viande et la faire revenir 5 minutes dans le mélange d'épices. Verser 4 tasses d'eau, saler et ajouter le *jaggery*, et laisser cuire à feu doux jusqu'à cuisson complète. Ajouter les feuilles de cari et prolonger la cuisson 3 à 4 minutes ; le *vindaloo* est prêt à servir.

Le vinaigre et l'huile agissent comme conservateurs dans ce plat qui se congèle très bien. Il se garde deux jours au réfrigérateur et gagne à être réchauffé.

Vous pouvez aussi préparer la pâte d'épices en grande quantité pour la congeler, et prélever juste ce dont vous avez besoin.

Cette recette convient aussi pour de la viande de porc ou de bœuf.

korma blanc de poulet (safed murgh korma) *agra*

Ce *korma* aromatique et peu épicé est un mets de prince musulman, inspiré de la cuisine moghole. L'empereur moghol Chah Jahan, qui fit édifier le Taj Mahal, avait coutume de donner, les nuits de pleine lune, des banquets placés sous le signe de la blancheur dans le fort d'Agra. La terrasse du fort, recouverte de tapis et de coussins blancs, était décorée de fleurs blanches et les invités, tous vêtus de blanc, dégustaient des mets entièrement blancs. Plus tard, la recette du *korma* blanc fut affinée à la table des nababs d'Oudh, à Lucknow. La maison royale de Jaipur, liée aux Moghols par mariage, continua à servir des banquets blancs la nuit de *Sharad Poornima*, la pleine lune de septembre, jusque dans les années soixante.

À l'origine, ce plat n'incluait que des amandes, mais les cuisiniers d'aujourd'hui préfèrent mêler amandes et noix de cajou. La recette traditionnelle de Lucknow inclut aussi 25 grammes de *chaar magaz* ou « quatre graines », mélange de diverses graines de melon, courge et potiron disponible en Inde dans les épiceries spécialisées, ainsi qu'1 cuillerée à café de poudre de pétales de rose, ingrédients omis ici.

Pour 4 personnes

1 1/2 cuil. à café de graines de pavot
150 g de yaourt au lait entier
1/3 de tasse de ghee ou de beurre clarifié
50 g d'amandes, blanchies
50 g de noix de cajou non salées
2 feuilles de cannelle ou de laurier
350 g d'oignons, hachés
3 piments verts, hachés
4 cardamomes vertes
2 cuil. à café d'ail, haché fin
2 cuil. à café de gingembre, haché fin
1 piment vert entier
1 clou de girofle
1 kg de blancs de poulet, sans la peau
1/2 cuil. à café de muscade en poudre
1/2 cuil. à café de macis en poudre
sel

1 Faire tremper les graines de pavot dans 1/2 tasse d'eau pendant 1 heure. Les égoutter ensuite et les réduire en pâte fine dans un mortier.

2 Mettre le yaourt à égoutter 1 heure dans un linge pour filtrer le petit-lait. Fouetter ensuite ce yaourt égoutté dans un bol.

3 Faire chauffer une bonne partie du *ghee* ou du beurre clarifié dans une cocotte, ajouter les amandes, les noix de cajou et les feuilles de cannelle ou de laurier et faire revenir 7 à 8 minutes à feu moyen. Ajouter les oignons et les faire dorer une dizaine de minutes. Ajouter les piments verts hachés, les cardamomes et la pâte de pavot, et faire revenir 3 à 4 minutes. Verser 1 tasse d'eau et laisser cuire 10 minutes. Retirer du feu, ôter la feuille de cannelle ou de laurier et laisser refroidir. Verser le mélange dans un robot ménageer et réduire en purée lisse.

4 Mettre 1 cuillerée à soupe de *ghee* ou de beurre clarifié dans la cocotte, puis ajouter l'ail, le gingembre, le piment vert entier et le clou de girofle. Attendre 1 minute avant d'ajouter les morceaux de poulet. La viande va rendre ses sucs. Quand elle est presque sèche, verser le yaourt et remuer sans arrêt pour empêcher la formation de grumeaux.

5 Incorporer le mélange d'épices moulues et les poudres de muscade et de macis ; saler. Bien remuer et mouiller avec 1 1/2 tasse d'eau. Goûter. Si le goût semble fade, ajouter quelques piments verts entiers. Laisser cuire 30 minutes à feu doux jusqu'à cuisson complète.

korma vert de poulet (poulet rizzala) *bhopal*

Le rizzala est une spécialité musulmane que l'on trouve uniquement à Calcutta et à Bhopal. Dans cette dernière, sans doute sa ville d'origine, ce mets n'est servi que dans les familles de l'aristocratie musulmane. Ce curry aux herbes fraîches mérite bien son nom de korma vert.

Pour 4 personnes

1/2 tasse de noix de cajou au naturel
6 cuil. à soupe d'huile
4 oignons moyens, hachés
2 grosses poignées de feuilles de coriandre
1/2 tasse de feuilles de menthe
4 piments verts
2 feuilles de laurier
6 cardamomes vertes
1 bâton de cannelle de 3,5 cm
1 morceau de gingembre de 2,5 x 1,5 cm, haché fin
4 gousses d'ail, hachées
1 kg de poulet coupé en 8 morceaux, sans la peau
1 bonne cuil. à café de coriandre en poudre
1/2 cuil. à café de cumin en poudre
sel
1 cuil. à café de sucre
1 cuil. à café de jus de citron ou citron vert
65 ml de crème
1 cuil. à soupe d'huile, de beurre ou de ghee
1/4 cuil. à café de macis en poudre ou 1 éclat de macis

1 Faire tremper les noix de cajou dans 200 ml d'eau pendant 15 minutes minimum.

2 Verser 4 cuillerées à soupe d'huile dans une poêle et faire revenir les oignons à feu modéré pour les rendre bien croustillants sans les faire brûler. Compter 20 à 30 minutes, selon l'épaisseur de la poêle et l'intensité du feu.

3 Quand les oignons sont prêts, les mettre dans un blender avec les feuilles de coriandre et de menthe et les noix de cajou. Réduire en purée avec 50 ml d'eau.

4 Dans la même poêle, faire chauffer les 2 autres cuillerées d'huile à feu doux et ajouter les feuilles de laurier, les cardamomes, la cannelle, l'ail et le gingembre. Augmenter le feu et adjoindre les morceaux de poulet ; les faire dorer 5 minutes environ. Puis ajouter les poudres de coriandre et de cumin. Faire sauter 2 minutes en remuant pour empêcher la viande d'attacher. Ajouter la purée d'herbes et faire revenir 2 minutes de plus.

5 Assaisonner avec sel, sucre et jus de citron vert, puis mouiller avec 200 ml d'eau. Vérifier l'assaisonnement, porter à ébullition et laisser mijoter. Quand le poulet est cuit, ajouter la crème et bien mélanger.

6 Juste avant de servir, faire chauffer un peu d'huile ou de beurre dans une louche et y verser le macis en poudre. Laisser rôtir 10 secondes puis verser sur la viande. Si vous utilisez 1 éclat de macis, laisser rôtir 20 secondes puis le retirer et verser l'huile parfumée dans la poêle. Bien mélanger.

Servir avec un riz parfumé, par exemple un riz jaune au curcuma ou un riz au citron. Peut aussi s'accompagner de naan ou de chapati.

poulet au beurre (murgh makhani) *delhi*

Le poulet *Makhani*, préparé soit avec des *tikka* – dérivé du hindi *tukra* qui signifie « morceaux » – soit avec des quartiers de poulet, est le grand favori des restaurants indiens, tant en Inde qu'à l'étranger. C'est avant tout un plat de restaurant et non de ménage, car les maisons indiennes ne sont pas équipées de *tandoor*, indispensable dans cette recette pour la cuisson de la viande.

Cependant, puisqu'il s'agit d'un mets qui compte tant d'amateurs désireux de le réaliser chez eux, j'en donne ici une version simplifiée, avec cuisson du poulet en sauteuse. On peut aussi faire rôtir un petit poulet entier, après l'avoir fait mariner, puis le couper ensuite en quartiers et ajouter le jus de cuisson à la sauce *makhani*.

Le poulet au beurre fut créé dans les années cinquante au *Moti Mahal*, un restaurant de Delhi. Les cuisiniers préparèrent une sauce en incorporant du beurre et des tomates aux sucs de viande qui restaient dans les plats de marinade utilisés pour les centaines de portions de poulet tandoori vendues chaque jour.

Pour 4 personnes

900 g de poulet (en quartiers, sans la peau, ou en morceaux non désossés) ou de viande désossée en morceaux (tikka)
4 à 5 cuil. à soupe d'huile

Pour la marinade

2 tasses de yaourt au lait entier
6 gousses d'ail
1 dé de gingembre d'1 cm
2/3 de cuil. à café de piment rouge en poudre ou de paprika
1/4 de cuil. à café de coriandre en poudre
1/2 cuil. à café de cumin en poudre
1/2 cuil. à café de poudre de garam masala
1 petite pincée de colorant tandoori (facultatif)
1/2 cuil. à café de sel
2 cuil. à café de jus de lime
poudre de garam masala
sel
40 g de crème liquide

1 Commencer par préparer la marinade. Mettre le yaourt à égoutter dans un linge pour éliminer le petit-lait. Réduire l'ail et le gingembre en purée au mixeur. Incorporer cette purée, les épices de la marinade, le sel et le jus de lime au yaourt et bien mélanger.

2 Ébouillanter les tomates et les peler. Les écraser grossièrement à la fourchette ou au presse-purée. Réduire le *kasuri methi* en poudre au moulin.

3 Inciser les morceaux de poulet non désossés. Faire mariner la viande dans la préparation au yaourt pendant 1 heure au minimum, 2 heures de préférence, toute une nuit dans l'idéal.

4 Le moment venu, faire chauffer l'huile dans une grande sauteuse à fond épais et y verser le poulet avec sa marinade. Couvrir et laisser cuire à feu doux jusqu'à cuisson complète. Retourner les morceaux en cours de cuisson.

5 Verser la pulpe de tomates dans une poêle et faire cuire 5 minutes environ pour la laisser rendre un peu de son eau.

6 Ajouter le beurre rafraîchi et le paprika ; quand le beurre a fondu, poursuivre la cuisson juste 1 minute. Goûter. S'il n'y a aucune acidité, ajouter quelques gouttes de vinaigre. Saupoudrer de *kasuri methi* et de *garam masala* et saler à votre goût. 30 secondes plus tard, ajouter la crème et remuer. La sauce est prête. La verser dans la sauteuse et bien mélanger avec le poulet. Servir aussitôt.

Pour la sauce

700 g de tomates

1/2 cuil. à café de feuilles de fenugrec séchées (kasuri methi)

75 g de beurre rafraîchi

1/2 cuil. à café de paprika

quelques gouttes de vinaigre

1/4 de cuil. à café de poudre de garam masala

40 g de crème liquide

sel

Si l'on fait cuire le beurre 3 minutes, il se transforme en ghee et forme une émulsion granuleuse. C'est pourquoi il faut prendre un beurre rafraîchi et le laisser cuire moins de 2 minutes après qu'il a fondu. Vous pouvez également faire cuire le poulet à l'avance. La sauce makhani se prépare en 5 à 6 minutes seulement et ne doit être confectionnée qu'au dernier moment. Vous pouvez faire cuire les tomates à l'avance mais n'incorporez le beurre qu'au tout dernier moment.

En Inde, les restaurateurs ajoutent un peu de purée de papaye à la marinade pour attendrir la viande.

korma de poulet aux pistaches (poulet pista) *delhi*

La première fois que j'ai goûté à ce plat, c'était à Mumbai, dans un modeste petit restaurant au cœur du quartier des bazars. Longtemps plus tard, je fis la connaissance du cuisinier, originaire d'une famille de traiteurs professionnels établis près de la mosquée Jama Masjid, dans le vieux Delhi.

Ce mets au goût très subtil est aussi beau à voir avec sa teinte vert pâle crémeuse. Le goût dépend de la qualité des pistaches utilisées – plus le vert est vif, meilleures elles sont. Les blancs de volaille conviennent particulièrement bien à ce plat que vous pouvez aussi réaliser avec un poulet entier.

Pour 4 personnes

1 kg de viande de poulet
100 g de pistaches non salées, décortiquées
8 piments verts
5 cuil. à soupe de crème liquide
3 cuil. à soupe de yaourt au lait entier
2 oignons, hachés
huile
6 grosses gousses d'ail
1 morceau de gingembre frais de 2,5 x 1 cm
1/8 de cuil. à café de curcuma en poudre
3/4 cuil. à café de poudre de garam masala
2 feuilles de cannelle ou de laurier
3/4 de cuil. à café de poivre blanc moulu
1 1/4 cuil. à café de graines de fenouil
1 tomate, concassée
sel
1 cuil. à café de cardamome verte en poudre
2 cuil. à soupe de feuilles de coriandre, ciselées

1 Couper le poulet en morceaux de la taille désirée. Garder les os pour faire 3 tasses de bouillon.

2 Faire bouillir les pistaches 10 minutes dans 1 tasse d'eau. Retirer du feu, égoutter et laisser refroidir. Frotter les pistaches avec les doigts pour les monder. Les écraser avec 4 piments verts et la crème et les réduire en pâte dans un mixeur.

3 Fouetter le yaourt à la fourchette.

4 Faire revenir les oignons avec l'huile dans une cocotte pour leur faire prendre couleur. Ajouter l'ail, le gingembre, les poudres de curcuma et de *garam masala,* les feuilles de cannelle ou de laurier, le poivre et les graines de fenouil et laisser rôtir 2 minutes. Ajouter le mélange de pistaches et laisser revenir 2 minutes.

5 Ajouter le poulet et faire revenir 5 minutes. Ajouter ensuite la tomate, le yaourt, le reste des piments et saler. Verser le bouillon (ou 3 tasses d'eau) et laisser cuire 15 à 20 minutes jusqu'à cuisson complète de la viande, en fonction de la taille des morceaux. Juste avant de servir, saupoudrer de cardamome et de feuilles de coriandre.

En Inde, les gourmets utilisent des pistaches de Peshawar pour leur goût et l'intensité de leur couleur.

poulet aux noix de cajou et aux épices noires (poulet kaju en kaala masala) *bombay*

Les habitants du Maharashtra sont friands d'un mélange d'épices en poudre, le *kaala masala*, qu'ils emploient beaucoup. *Kaala* signifie « noir » et désigne un mélange d'épices foncées, sorte de *garam masala* additionné de graines de coriandre et de cumin.

Ce délicieux curry de poulet en sauce épaisse contient beaucoup de noix de cajou, entières et concassées. La recette me vient de la femme d'un célèbre gynécologue de Mumbai, le défunt Dr Shirodkar. Servez-le avec des *roti*. Un riz au citron (sans noix de cajou) l'accompagne bien aussi, car ce plat n'a aucune acidité.

Pour 4 personnes

1 poulet de 1 kg, sans peau
100 g de noix de coco, râpée
12 grosses gousses d'ail, pelées
1 morceau de gingembre frais de 2,5 x 1 cm, haché
2 1/2 cuil. à soupe de graines de coriandre
1 1/2 cuil. à café de graines de cumin
6 piments rouges entiers séchés
6 clous de girofle
1 bâton de cannelle de 7,5 cm
225 g de noix de cajou
1 gros oignon, haché
5 cuil. à soupe d'huile
sel

1 Couper le poulet en 8 morceaux.

2 Dans une grande poêle, faire rôtir à feu doux, sans aucune matière grasse, la noix de coco, l'ail, le gingembre, les graines de coriandre et de cumin, les piments rouges, les clous de girofle et la cannelle. Au bout de 5 minutes, ajouter 50 g de noix de cajou et l'oignon et faire revenir 10 minutes en remuant sans cesse. Éteindre le feu et laisser refroidir. Broyer ce mélange au robot ménager avec 150 ml d'eau pour obtenir une pâte fine.

3 D'autre part, réduire 25 g de noix de cajou en pâte fine avec un peu d'eau et réserver.

4 Faire chauffer l'huile dans une cocotte, ajouter le mélange d'épices moulues et faire revenir 10 minutes à feu doux. Ajouter les noix de cajou écrasées, saler et laisser revenir 2 à 3 minutes de plus.

5 Ajouter le poulet et faire frire 5 minutes à feu moyen. Puis ajouter 3 tasses d'eau et laisser cuire 10 minutes à feu doux, à couvert.

6 Ajouter le reste des noix de cajou et poursuivre la cuisson jusqu'à ce que la viande soit cuite. Le résultat doit être un curry épais, coloré, avec des noix de cajou entières.

Quand vous passez les noix de cajou et les épices au robot, mixez-les longtemps pour obtenir une pâte lisse et fine, sinon votre curry aura un aspect grumeleux.

poulet aux lentilles et aux légumes (dhansak) *bombay*

Le *dhansak* est la spécialité la plus célèbre et la plus appréciée de la cuisine parsi. Fuyant la Perse au XIIIe siècle pour échapper aux persécutions religieuses, les parsis se sont installés sur la côte occidentale de l'Inde, dans l'actuel état du Gujarat. Ils adoptèrent la langue gujarati et mêlèrent les influences locales à leur cuisine. *Dhan*, qui désigne la richesse en gujarati, signifie « riz » en parsi. *Sak* veut dire « légumes ». Le *dhansak* est un curry de viande, légumes et lentilles qui se mange avec un riz brun *pulao* caramélisé. Bien que souvent servi au déjeuner du dimanche, ce n'est pas un plat de fête car il est de coutume de le manger le quatrième jour après un enterrement.

S'il comporte beaucoup d'ingrédients, ce plat reste simple à réaliser. Vous trouverez peut-être du *dhansak masala* chez certains épiciers indiens, mais le *sambar masala* parsi ne s'est pas encore frayé un chemin jusqu'en Occident.

Pour 6 personnes

1 poulet de 1,6 kg, coupé en 6 morceaux ou plus
300 g de toor dal (lentilles séchées entières)
50 g de pulpe de tamarin
1 dé de gingembre frais de 5 cm
6 gousses d'ail
6 clous de girofle
2 gros oignons, hachés
200 g de potiron rouge, coupé en morceaux
150 g d'aubergines, hachées
1 pomme de terre, coupée en petits morceaux
1/4 de tasse d'aneth frais, ciselé
1/2 cuil. à café de curcuma en poudre
1 tasse + 1 cuil. à soupe de feuilles de coriandre
20 feuilles de menthe fraîche
sel
1/2 tasse d'huile
1/2 bouquet de fenugrec frais ou 2 cuil. à café de feuilles de fenugrec séchées (kasuri methi)

1 Préparer un bouillon avec les os, le cou et les abats du poulet.

2 Rincer le *toor dal* et le faire tremper 30 minutes à l'eau. Faire tremper le tamarin dans 1 tasse d'eau pendant au moins 30 minutes.

3 Hacher 4 cm du gingembre et 4 gousses d'ail.

4 Verser les lentilles dans une grande cocotte avec 3 tasses d'eau et les oignons, le potiron, les aubergines, la pomme de terre et l'aneth. Ajouter le curcuma, le reste du gingembre, les 2 autres gousses d'ail, 1 cuillerée à soupe de feuilles de coriandre et 8 feuilles de menthe. Laisser mijoter jusqu'à ce que les lentilles s'écrasent. Laisser refroidir un peu. Battre au fouet pour obtenir une consistance crémeuse. Saler avec 1 cuillerée à café de sel.

5 Pendant la cuisson du *dal*, faire chauffer l'huile dans une grande poêle et y faire revenir l'ail et le gingembre hachés, 1 tasse de feuilles de coriandre, 12 feuilles de menthe, le fenugrec, le *sambar masala*, le *dhansak masala*, les poudres de cumin, de coriandre et de piment rouge, les tomates et les piments verts pendant 2 minutes sans cesser de remuer. Ajouter le poulet et faire revenir 2 minutes. Saler avec 1 cuillerée à café de sel et bien mélanger.

6 Adjoindre le poulet au *dal* avec 3 tasses de bouillon ou d'eau. Ajouter le *jaggery*. Laisser mijoter jusqu'à cuisson complète de la viande avant de mouiller avec l'eau de tamarin et le jus de lime ; rectifier l'assaisonnement, puis laisser cuire quelques minutes de plus. Le *dhansak* est prêt à servir.

2 cuil. à café de dhansak masala
1 cuil. à café de cumin en poudre
3 cuil. à café de coriandre en poudre
2 cuil. à café de piment rouge en poudre
3 tomates, concassées
6 piments verts, hachés
1 cuil. à soupe de jaggery ou sucre de palme
le jus d'1 lime

Cette recette vous permet de réaliser facilement un savoureux dhansak. Les parsis, qui sont perfectionnistes, utilisent un mélange de dal : 200 grammes de toor dal d'une part et 1 cuillerée à soupe de moong, 1 de masoor et 1 de val dal d'autre part.

On trouve de la poudre de dhansak en paquet dans les épiceries indiennes. Sinon, remplacez-la par 1 1/2 cuillerée de garam masala additionné d' 1/2 cuillerée à café de badiane en poudre et d'1/4 de cuillerée à café de muscade en poudre.

Pour remplacer le sambar masala parsi, préparez le mélange suivant : 3/4 de cuillerée à café de fenugrec en poudre, 1/2 cuillerée à café de moutarde en poudre, 1 cuillerée à café de piment rouge en poudre et 1/2 cuillerée à café de poivre moulu.

poulet en sauce à la noix de coco (kori gashi) *mangalore*

Mangalore est une ville portuaire au sud de Goa, sur la côte occidentale de l'Inde. Les spécialités régionales, très riches en fruits de mer, font aussi appel au poulet, contrairement à la cuisine goanaise qui en contient rarement. Le *gashi*, épaisse sauce à la noix de coco, est de texture granuleuse. Cette recette, qui me vient d'une famille hindoue, donne un curry brun rougeâtre relativement pimenté. C'est la variété de piment utilisée qui détermine l'intensité du plat. À Mangalore, on emploie le piment *bedgi*, d'aspect semblable au *kashmiri* mais beaucoup plus fort, et très coloré. À la différence des autres currys à base de noix de coco et de piment, ici les épices et la noix de coco sont revenues dans l'huile *avant* d'être moulues, et l'on y trouve aussi des épices inhabituelles telles que les graines de moutarde et de fenugrec. De plus, le tamarin est moulu avec les épices. Les feuilles de cari fraîches donnent au *kori gashi* un arôme caractéristique.

Pour 4-5 personnes

2 tasses de noix de coco fraîche, râpée
1 morceau de gingembre frais de 2,5 x 1 cm, haché
5 grosses gousses d'ail, hachées
5 cuil. à soupe d'huile
15 piments rouges entiers séchés
4 cuil. à café (bien pleines) de graines de coriandre
1/4 de cuil. à café de graines de moutarde
1/2 cuil. à café de graines de fenugrec
1 bâton de cannelle de 5 cm
1 cuil. à café de graines de cumin
8 grains de poivre
4 clous de girofle
1/2 cuil. à café de curcuma en poudre
25 g de pulpe de tamarin
2 tasses d'oignon, haché
10 à 12 feuilles de cari
sel
1 kg de viande de poulet en morceaux, désossés ou non, sans la peau

1 Faire tremper la moitié de la noix de coco râpée 30 minutes dans 1 tasse d'eau chaude, puis la passer au mixeur pour obtenir le premier lait. Filtrer et réserver. Remettre la noix de coco dans le bol avec 2 tasses d'eau chaude et mixer. Filtrer le second jus.

2 Éplucher l'ail et le gingembre et les hacher grossièrement.

3 Verser 1 cuillerée à soupe d'huile dans une poêle, juste pour graisser, et faire revenir le reste de noix de coco à feu doux pendant 5 minutes. Retirer du feu et réserver.

4 Graisser de nouveau la poêle avec 1 cuillerée à soupe d'huile et faire revenir les piments rouges 2 à 3 minutes, puis ajouter les graines de coriandre, de moutarde et de fenugrec, la cannelle, les graines de cumin, le poivre, les clous de girofle et le curcuma, dans cet ordre, sans cesser de remuer. Retirer du feu 1 minute après avoir incorporé le dernier ingrédient.

5 Passer ces épices au mixeur avec la noix de coco grillée, le tamarin, la moitié de l'oignon et 1/2 tasse du second lait de coco et mixer pour obtenir une pâte onctueuse. Compter au moins 5 minutes de malaxage.

6 Faire chauffer 3 cuillerées à soupe d'huile dans une cocotte. Faire brunir le reste d'oignons hachés ; au bout de 10 minutes, ajouter l'ail et le gingembre, et laisser brunir encore 5 minutes.

7 Incorporer la pâte d'épices humectée d'eau et faire revenir 3 minutes, puis ajouter le poulet et faire rissoler quelques minutes. Au bout de 5 minutes, verser le reste du second lait de coco et saler à votre goût. Verser 1 tasse d'eau. Laisser mijoter à couvert jusqu'à ce que la viande soit presque cuite, puis ajouter le premier lait de coco et les feuilles de cari et laisser bouillir juste 1 minute.

poulet chettinad (kozhi varatha kosambu) *chettinad*

Chettinad, au sud du Tamil Nadu, est la région dont sont originaires les Chettiars, communauté de marchands qui font commerce avec l'Asie du Sud-Est depuis plus d'un millénaire. En l'an 1077, le roi chola Kulottunga envoya soixante-douze marchands en ambassade auprès de l'empereur de Chine. On retrouve trace de cette influence dans l'usage de l'anis étoilé, très en usage dans les mets chinois. La cuisine de Chettinad est actuellement très en vogue à Madras : le premier restaurant spécialisé, le *Raintree*, ouvrit ses portes au milieu des années 1980 et fut suivi de plusieurs autres.

La cuisine de Chettinad est très relevée. La viande est toujours coupée en tout petits morceaux non désossés – environ 12 dans un poulet. Voici un plat idéal pour accommoder des pilons. La sauce n'étant pas très abondante, ce curry brun-rouge s'accompagne d'un riz aromatisé, au citron ou à la tomate.

Pour 5 personnes

2 cuil. à café de graines de pavot
225 g de noix de coco fraîche
1 cuil. à café de graines de fenouil
1 bâton de cannelle de 5 cm
3 cardamomes vertes
4 clous de girofle
3/4 de cuil. à café de curcuma
3/4 de cuil. à café de poudre de garam masala
1/2 tasse d'huile
1 gros oignon, haché
2 cuil. à café de gingembre frais, haché fin
2 cuil. à café d'ail, haché fin
1/2 anis étoilé
3 cuil. à café de piment rouge en poudre
1 poulet de 1 kg, coupé en morceaux au choix
3 tomates de grosseur moyenne, coupées en petits morceaux
sel
jus d'1/2 lime ou citron vert
quelques feuilles de cari
1/3 de tasse de feuilles de coriandre, hachées

1 Faire rôtir les graines de pavot quelques minutes sur une tôle ou à la poêle pour leur faire prendre couleur. Les écraser au rouleau à pâtisserie, puis les faire tremper 15 minutes dans un peu d'eau.

2 Piler la noix de coco avec les graines de pavot et de fenouil, la cannelle, les cardamomes, les clous de girofle, le curcuma et le *garam masala* pour obtenir une pâte fine.

3 Faire chauffer l'huile dans une grande sauteuse et faire revenir l'oignon pendant 20 minutes. Ajouter l'ail et le gingembre puis, 2 minutes plus tard, l'anis étoilé et la poudre de piment, enfin la pâte d'épices et 2 cuillerées à soupe d'eau. Laisser revenir 5 minutes en rajoutant de l'eau au besoin.

4 Adjoindre le poulet et faire dorer 10 minutes. Ajouter les tomates. Quand la viande a absorbé le jus des tomates, ajouter 2 tasses d'eau, saler et bien mélanger. Laisser cuire 45 minutes à découvert, jusqu'à ce que le poulet soit presque cuit. En fin de cuisson, ajouter le jus de lime et les feuilles de cari. Saupoudrer de feuilles de coriandre juste avant de servir.

fricassée de poulet *kerala*

L'anglais *stew*, qui désigne une sorte de ragoût, fait désormais partie du vocabulaire culinaire indien. Dans l'Inde du Sud, un *stew* se prépare avec du lait de coco et des épices de la côte de Malabar. Au Kerala, on le sert couramment au petit déjeuner ou pour le brunch du dimanche avec des *appam*, crêpes à la farine de riz. En Inde du Nord, les petites échoppes en bordure de route servent aussi un curry peu relevé cuit à petit feu. Pour rendre ce curry encore plus doux, réduisez la quantité de piments, il n'en restera pas moins aromatique. À en croire une dame du Kerala, c'est le mélange de *ghee* et d'huile qui donne à ce plat une saveur spéciale. Les Kéralais le préparent avec de tout petits morceaux de poulet non désossés, mais vous pouvez aussi prendre de la viande désossée. La quantité indiquée vaut pour 4 personnes avec une viande non désossée, pour 5 autrement.

Pour 4 à 5 personnes

1 morceau de gingembre frais de 2,5 x 2 cm (la moitié coupée en julienne fine, l'autre en morceaux)
1 cuil. à café de poivre en grains
2 pincées de curcuma
2 oignons, hachés gros
2 à 3 piments verts
2 tasses de noix de coco fraîche, râpée
10 à 12 pommes de terre nouvelles
sel
3 cuil. à soupe d'huile
1 cuil. à soupe de ghee
1/2 cuil. à café de graines de moutarde
1 feuille de cannelle ou de laurier
2 gousses d'ail, coupées en lamelles
1 bâton de cannelle de 5 cm
4 cardamomes vertes
3 clous de girofle
20 feuilles de cari
800 g de poulet en morceaux, désossé et sans peau
1 carotte, coupée en rondelles
1/2 tasse de petits pois
1/4 cuil. à café de poudre de garam masala

1 Piler les morceaux de gingembre (réserver la julienne pour plus tard), les grains de poivre et 1 pincée de curcuma pour obtenir une pâte épaisse et grossière.

2 Passer les oignons et les piments verts au mixeur. Mixer la noix de coco avec 2 tasses d'eau pour obtenir un lait. Filtrer et réserver.

3 Brosser les pommes de terre et les précuire à l'eau avec une pincée de sel et de curcuma.

4 Faire chauffer l'huile et le *ghee* puis y jeter les graines de moutarde. Quand elles chantent, ajouter la feuille de cannelle ou de laurier. Dès que les épices brunissent, ajouter les lamelles d'ail, la cannelle et les cardamomes. 20 secondes plus tard, ajouter la pâte de gingembre, les clous de girofle et les feuilles de cari, puis la viande. Faire revenir 2 à 3 minutes.

5 Saler à votre goût, puis ajouter les pommes de terre, la carotte et laisser cuire 2 minutes à couvert. Verser enfin le lait de coco, 1/2 tasse d'eau, les petits pois et la julienne de gingembre. Saupoudrer de *garam masala* et laisser cuire à couvert jusqu'à cuisson complète.

poulet dopiaza (poulet aux oignons) *bengale*

Le *dopiaza* est un curry très demandé dans les restaurants indiens de l'étranger. *Do* signifiant « deux » en hindi et *piaz* « oignon », ce terme désigne un mets comprenant deux fois plus d'oignons que la normale ou les utilisant à deux reprises. Le *dopiaza* est avant tout une spécialité musulmane, le Bengale ayant une tradition culinaire musulmane de qualité. Avant de passer aux mains des Anglais, cette province était gouvernée par le nabab de Murshidabad. Quand les Anglais prirent le contrôle du sud du royaume, les nababs de Oudh en exil ainsi que la famille du sultan Tipu s'établirent à Calcutta. Ainsi s'explique le courant d'influences culinaires musulmanes.

Les Bengalis sont très exigeants sur la nourriture et les hommes sont souvent excellents cuisiniers. Voici la recette de Batuk Bhattacherya, c'est le meilleur *dopiaza* que j'aie mangé. Chez les Bhattacherya, c'est monsieur qui cuisine le poulet et madame le poisson.

Pour 4 personnes

1 petit poulet à rôtir d'1,250 kg
9 oignons moyens
8 petites pommes de terre (facultatif)
3 cuil. à café de piment rouge en poudre
1/2 tasse de yaourt au lait entier
1/2 tasse d'huile
6 grosses gousses d'ail, hachées fin
2 feuilles de cannelle ou de laurier
1 bâton de cannelle de 5 cm
6 cardamomes
1 1/2 cuil. à café de poivre en grains
12 clous de girofle
3 piments rouges entiers
2 cuil. à soupe de gingembre en purée
1/2 cuil. à café de curcuma
2 tomates, coupées en morceaux
1 cuil. à soupe de beurre
3/4 de cuil. à café de sucre
1 1/2 cuil. à café de poudre de garam masala
sel

1 Couper le poulet en 8 morceaux non désossés. Couper 3 oignons en 2. Hacher grossièrement 2 autres. Extraire le jus des 4 oignons restants : les râper, puis presser cette pulpe à travers un linge fin. Réserver le jus.

2 Peler les pommes de terre, le cas échéant. Mouiller la poudre de piment avec un peu d'eau pour obtenir une pâte. Fouetter le yaourt.

3 Faire chauffer l'huile dans une cocotte à fond épais et y faire dorer les oignons hachés. Les retirer, les égoutter sur du papier absorbant et réserver. Dans la même huile, faire revenir l'ail et les feuilles de cannelle ou de laurier et, après 2 à 3 minutes, la cannelle et les cardamomes. 2 minutes plus tard, ajouter le poivre, les clous de girofle et les piments entiers.

4 Attendre 30 secondes, puis ajouter la purée de gingembre, la pâte de piment et le curcuma et remuer sans arrêt. Adjoindre le poulet, les pommes de terre et les tomates, puis le beurre, le yaourt et le sucre. Laisser cuire 10 à 12 minutes, en remuant pour empêcher les épices d'attacher et en rajoutant un peu d'eau au besoin.

5 À ce stade, ajouter les moitiés d'oignons, puis le jus d'oignon et saler. Remuer 2 à 3 minutes. Transférer ensuite dans un plat et terminer la cuisson dans un four préchauffé à 150 °C (thermostat 3) pendant 20 à 25 minutes. Quand la viande et les pommes de terre sont cuites, ajouter la moitié des oignons frits et saupoudrer de *garam masala*. Au moment de servir, parsemer du reste d'oignons frits.

curry rouge de poulet parsi *mumbai*

Dans l'introduction de ce recueil, j'ai dit combien j'avais envié une de mes camarades de classe, une jeune parsie, en la voyant attablée devant un curry de poulet d'un rouge intense. Ayant récemment demandé à une amie d'enfance de cuisiner ce plat pour moi, j'ai appris à cette occasion qu'il s'agissait d'une recette de ménage très prisée dans cette communauté. Les parsis employaient souvent des cuisiniers de Goa et cette influence régionale se fait nettement sentir ici.

Tout le secret de la couleur tient à l'emploi de piments kashmiri séchés de bonne qualité. Cette variété étant souvent difficile à obtenir hors de son pays d'origine, vous pouvez les remplacer par des piments rouges frais. Pour un curry relevé mais pas trop, utilisez 5 piments entiers et 5 autres épépinés. Les parsis ajoutent parfois des graines de sésame (1 cuil. à café) au mélange d'épices, mais elles sont difficiles à moudre. Ce plat, facile à préparer, est aussi beau que savoureux.

Pour 4 personnes

10 piments kashmiri séchés (ou piments rouges frais)
1 1/4 tasse de noix de coco râpée
1/2 tasse de graines de cumin
1 cuil. à café de graines de coriandre
1 cuil. à café de graines de sésame (ou de tahini)
3 clous de girofle
6 grains de poivre
1 morceau de cannelle ou de bois de cassia de 2,5 cm
3 cardamomes
1 morceau de gingembre de 1,5 x 1 cm, épluché et haché
4 grosses gousses d'ail, hachées
3/4 de tasse d'oignons hachés gros
65 ml d'huile
800 g de poulet, coupé en morceaux à votre convenance (de préférence non désossés)
2 tomates, émincées fin
sel
1 cuil. à café de vinaigre de cidre ou de canne
1/2 cuil. à café de garam masala

1 Faire tremper les piments kashmiri au moins 15 minutes dans un peu d'eau pour les ramollir. Faire tremper la noix de coco râpée dans un bol d'eau tiède pendant 15 à 20 minutes, puis égoutter en pressant pour extraire le lait de coco.

2 Mettre les graines de cumin, coriandre et sésame dans un blender avec les clous de girofle, les grains de poivre, la cannelle les cardamomes, le gingembre, l'ail et les oignons. Mixer en ajoutant un peu d'eau pour obtenir une pâte.

3 Faire chauffer l'huile dans une cocotte. Faire rôtir les épices dans l'huile chaude en remuant pendant 5 minutes. Adjoindre les morceaux de poulet et faire rissoler 5 minutes dans la pâte épicée. Ajouter ensuite les tomates et une cuillerée à café de sel et laisser revenir environ 5 minutes. Ajouter 700 ml de lait de coco et laisser mijoter jusqu'à cuisson presque complète. Ajouter le vinaigre et le garam masala. Vérifier l'assaisonnement. (Si le curry vous semble trop fort, ajoutez une pomme de terre épluchée, coupée en morceaux, qui absorbera une partie de la sauce ; vous la rallongerez au besoin avec 100 à 150 ml d'eau.)

curry de crevettes pimenté-sucré (patia de crevettes) *dahanu, près de bombay*

Les parsis quittèrent la Perse il y a 1 300 ans environ pour se réfugier en Inde, sur la côte du Gujarat. D'autres petits groupes, arrivés au cours des siècles derniers, formèrent une communauté distincte à Mumbai et à Dahanu, un peu plus au nord. Ces Iraniens, comme on les appelle, cultivent des vergers de mangues, de *chicoos* (sapotilles) et de litchis. Voici une recette de *patia* iranien venant de Dahanu, dont les parsis ont leur propre version.

Dans ce curry, l'aigre, le doux et le piquant se mêlent en parts égales. Parsis et Iraniens le servent pour les grandes occasions, accompagné de riz jaune et de lentilles, sous son nom traditionnel : *dhan, dar* ou *patio*. La version iranienne contient un peu plus d'épices et de piments que la version parsi. Dans cette recette, le piquant des nombreux piments est contrebalancé par l'acidité du tamarin et par le sucre. S'accompagne traditionnellement d'un riz jaune.

Pour 2 personnes

225 g de crevettes crues, décortiquées
1 1/2 cuil. à café de pulpe de tamarin
5 piments verts hachés
3 grosses gousses d'ail
1 cuil. à café de graines de cumin
50 cl d'huile
2 gros oignons, hachés fin
1/2 cuil. à café de cumin en poudre
3/4 de cuil. à café de coriandre en poudre
3/4 de cuil. à café de piment rouge en poudre
1 cuil. à café de poudre de garam masala
1/2 cuil. à café de curcuma en poudre
2 tomates de grosseur moyenne, concassées
1 cuil. à café de jaggery
1/4 de tasse de feuilles de coriandre
10 feuilles de cari
sel

1 Si vous utilisez des crevettes fraîches, les laver et les parer.

2 Faire tremper le tamarin 30 minutes environ dans 100 ml d'eau.

3 Réduire en pâte les 5 piments verts, 2 gousses d'ail et les graines de cumin.

4 Faire chauffer l'huile dans une cocotte et y faire colorer les oignons. Ajouter la pâte épicée et faire revenir 2 minutes. Ajouter alors la 3e gousse d'ail hachée et laisser revenir 2 minutes en remuant bien.

5 Ajouter les poudres de cumin, de coriandre, de piment rouge, *garam masala* et de curcuma. Remuer sans cesse pendant 1 minute. Ajouter les tomates concassées et faire revenir 4 à 5 minutes en remuant de temps à autre.

6 Incorporer la moitié de l'eau de tamarin, le *jaggery*, les feuilles de coriandre et de cari et environ 1 1/2 cuillerée de sel. Goûter et rectifier les saveurs aigre, salée et sucrée à votre convenance. Verser 150 ml d'eau et porter à ébullition. Laisser cuire à feu doux 5 minutes. Ajouter les crevettes et poursuivre la cuisson le temps nécessaire, en sachant qu'elle est très rapide. En Inde, ce plat en sauce épaisse est toujours servi avec un *moong dal*.

curry de crevettes (malabar konju curry) *kerala*

Le jour où je suis allée au Taj Exotica, un magnifique hôtel des Maldives, j'ai trouvé leur curry de crevettes extraordinaire. Le chef m'avoua qu'il tenait la recette de sa mère, Baïja Banu, originaire d'Orumanayoor sur la côte kéralaise de Malabar. Le secret de ce savoureux curry tient aux arômes des graines de moutarde et des feuilles de cari infusées dans l'huile. Au Kerala, on cuisine dans une marmite en terre avec de l'huile de coco, à la saveur particulière. Les crevettes de cette région océanique sont d'une fraîcheur et d'une taille exceptionnelles.

Pour 2 personnes

1 tasse de noix de coco fraîche râpée ou 400 ml de lait de coco en boîte ou 75 ml de crème de coco
1 cuil. à soupe de pulpe de tamarin
3 cuil. à soupe d'huile
1/4 de cuil. à café de graines de moutarde
16 feuilles de cari
1 tasse d'oignons émincés
1 grosse cuil. à café de gingembre râpé
3 gousses d'ail
4 piments verts, fendus en deux
1 piment rouge séché entier, émietté
1 cuil. à café de piment rouge en poudre
1/2 cuil. à café de curcuma en poudre
1/2 cuil. à café de coriandre en poudre
1/2 cuil. à café de cumin en poudre
2 tomates coupées en morceaux
1/2 cuil. à café de sel
300 g de crevettes crues, décortiquées
2 cuil. à soupe d'huile ou de beurre
2 échalotes, émincées

1 Faire tremper la noix de coco fraîche une demi-heure dans 100 ml d'eau chaude, puis égoutter en pressant pour extraire le lait de coco. Faire tremper le tamarin environ une heure dans 100 ml d'eau. Presser la pulpe de tamarin dans l'eau, puis filtrer et réserver.

2 Faire chauffer l'huile dans une sauteuse et ajouter les graines de moutarde. Dès qu'elles crépitent, ajouter les feuilles de cari qui parfumeront l'huile puis, quelques secondes plus tard, incorporer les oignons émincés et laisser revenir 5 à 7 minutes en remuant. Ajouter l'ail, le gingembre et les piments verts, faire rôtir 2 minutes puis ajouter le piment séché et les poudres de piment, de curcuma, de coriandre et de cumin. Mouiller avec 2 cuillerées à soupe d'eau et faire revenir les épices 2 minutes sans cesser de remuer pour les empêcher d'attacher.

3 Incorporer les tomates, 100 ml d'eau et le jus de tamarin. Réduire le feu et laisser mijoter 5 minutes. Puis ajouter le lait de coco, saler et mélanger. Pour obtenir un curry très onctueux, filtrer au-dessus d'une casserole. Vérifier l'assaisonnement. Incorporer les crevettes et laisser cuire à feu doux. La cuisson est rapide, 2 à 3 minutes au plus.

4 Pour la touche finale, faire chauffer 2 cuillerées à soupe d'huile dans une louche, jeter les échalotes émincées dans l'huile chaude et, 30 secondes plus tard, ajouter les 6 dernières feuilles de cari. Attendre 10 secondes avant de verser sur les crevettes. Couvrir aussitôt et laisser infuser quelques minutes avant de servir.

Idéal avec un riz blanc.

crevettes aux feuilles de fenugrec et oignons de printemps (jheenga methi) *hyderabad*

Dans le nord de l'Inde, on cuisine souvent le poisson avec des feuilles de fenugrec (*methi*). C'est au Veeraswamy de Londres que j'ai goûté pour la première fois à ce plat de crevettes aux feuilles de fenugrec et oignons de printemps. La recette leur en avait été donnée par Mumtaz Khan d'Hyderabad, un homme issu d'une famille renommée pour la qualité de sa table.

Pour 4 personnes

1/4 tasse de vert d'oignons de printemps, émincé
2 cuil. à soupe rases de feuilles de fenugrec (methi), ciselées
3/4 de cuil. à café de sel
3/4 de cuil. à café de curcuma en poudre
3/4 de cuil. à café de piment rouge en poudre
1 cuil. à soupe de jus de citron ou citron vert
400 g de crevette crues décortiquées
3 cuil. à soupe d'huile
1 tasse d'oignons de printemps hachés (blanc et vert)
2 piments verts, hachés fin
2 grosses gousses d'ail, hachées fin
1 morceau de gingembre de 1,5 x 1,5 cm, haché fin
3/4 de tasse de feuilles de coriandre ciselées
1 cuil. à café de jus de citron vert (facultatif)

1 Mettre le vert des oignons et les feuilles de fenugrec à tremper dans un bol d'eau additionnée de 1/4 de cuillerée de sel. Laisser agir 15 minutes pour atténuer l'amertume des feuilles. Égoutter, sécher en tamponnant et réserver.

2 Dans un bol, mélanger 1/2 cuillerée de poudre de curcuma, le piment rouge en poudre, le jus de citron, 1/4 de cuillerée à café de sel dans 50 ml d'eau. Adjoindre les crevettes en les nappant bien du mélange et laisser mariner 30 minutes au réfrigérateur.

3 Faire chauffer l'huile dans une sauteuse puis ajouter les blancs d'oignons émincés, les piments, l'ail et le gingembre. Faire revenir 4 à 5 minutes à feu moyen, jusqu'à ce que les oignons soient translucides. Saupoudrer du reste de curcuma, mouiller avec 1 cuillerée à soupe d'eau et poursuivre la cuisson 1 minute.

4 Ajouter la coriandre ciselée, les feuilles de fenugrec mélangée au vert des oignons, 1/4 cuillerée à café de sel et faire revenir 2 minutes sans cesser de remuer.

5 Juste avant de servir, adjoindre les crevettes et le vert des oignons en attente et faire revenir environ 3 minutes, en remuant de temps à autre. Mouiller avec 200 ml d'eau, réduire le feu et laisser mijoter jusqu'à cuisson des crevettes. Vérifier l'assaisonnement et ajouter au besoin quelques gouttes de citron vert.

Ce curry plutôt sec s'accompagne d'un riz au citron et d'un plat de lentilles.

curry vert de poisson (ras chawal) *à la mode parsie*

Les parsis ont plusieurs recettes de curry de poisson : un curry jaune, un rouge composé d'un grand nombre d'ingrédients et le vert proposé ici, appelé *ras chawal*, que l'on peut aussi préparer avec du poulet. Ce plat peu épicé a un bon goût d'herbes aromatiques. On le sert avec un riz jaune ou simplement accompagné de légumes, à l'occidentale. Vous pouvez inclure un peu d'aneth frais au bouquet d'herbes.

Pour 2 personnes

4 cuil. à café de jus de lime
1 pincée de curcuma en poudre
sel
300 à 350 g de poisson (filets ou steaks)
1 cuil. à soupe de graines de pavot
50 g de noix de coco râpée
4 à 5 piments verts
1 oignon haché
3 gousses d'ail
25 g de noix de cajou
3 cardamomes vertes
1/4 d'éclat de macis ou 1/4 de cuil. à café de macis en poudre
1/4 de cuil. à café de graines de fenouil
1 1/2 tasse de feuilles de coriandre avec les tiges
quelques feuilles de menthe
1 cuil. à café de coriandre en poudre
1/3 de tasse d'huile
1 cuil. à café de graines de cumin
1 cuil. à café de sucre

1 Mélanger la moitié du jus de lime avec le curcuma, 1 pincée de sel et un peu d'eau et en enduire les morceaux de poisson. Laisser mariner 20 minutes.

2 Écraser les graines de pavot dans un mortier avec un peu d'eau. Broyer la noix de coco, les piments, l'oignon, les graines de pavot, l'ail, les noix de cajou, les cardamomes, le macis et le fenouil au mixeur.

3 D'autre part, réduire les feuilles de coriandre et de menthe en purée.

4 Mouiller la poudre de coriandre avec un peu d'eau pour obtenir une pâte.

5 Faire chauffer l'huile dans une grande sauteuse avec les graines de cumin. Quand elles commencent à rôtir, ajouter la pâte de coriandre. Au bout de 10 secondes, ajouter la pâte de coco épicée et faire revenir 7 minutes, sans cesser de remuer, en raclant la pellicule qui se forme au fond de la poêle.

6 Ajouter la purée de feuilles fraîches, saler et bien mélanger. Ajouter le sucre et le restant de jus de lime. Verser 1 1/2 tasse d'eau et porter à ébullition. Ajouter le poisson et laisser cuire à feu doux à moyen pendant 7 à 10 minutes, en fonction de la taille des morceaux.

S'il s'agit d'un plat servi seul ou juste avec des légumes, sans accompagnement de riz, réduire l'eau à 150 ml.

Vous pouvez remplacer la noix de coco râpée par de la crème ou du lait de coco. Broyez les épices avec les noix de cajou, puis ajoutez 150 ml de lait ou de crème de coco et 150 ml d'eau après avoir incorporé le mélange d'herbes fraîches.

Vous pouvez reprendre cette recette pour réaliser un curry de légumes en mélange à partir de 250 grammes de légumes variés. Dans ce cas, augmentez l'eau à 400 ml et laissez cuire jusqu'à cuisson complète.

curry de crabe *côte du konkan*

Cette recette me vient de l'une des plus grandes hôtesses de Mumbai, Sunita Pitamber, dont la table s'honore souvent de ce mets. Ce curry très épicé n'est pas pour les cœurs sensibles. On peut aussi bien le réaliser avec des crevettes ou de la langouste, voire avec du poisson ; dans ce cas il faut réduire de 20 % la quantité de piments pour ne pas tuer la saveur du poisson.

Les piments *kashmiri* conviennent bien, car ils sont assez doux. Si vous utilisez une variété plus piquante, prenez-en des gros avec beaucoup de peau mais réduisez la quantité en fonction de leur force. Couleur et saveur de la peau du piment importent plus que le « feu ».

Pour 4 personnes

1 gros crabe coupé en morceaux ou 8 pinces de crabe congelées
275 g de chair de noix de coco ou 400 ml de lait de coco en conserve
40 g de piments kashmiri entiers séchés, épépinés et équeutés
1/2 cuil. à café de curcuma en poudre
5 gousses d'ail
1 morceau de gingembre frais de 4 x 2,5 cm
1 cuil. à café de graines de pavot, pilées
1 cuil. à café de coriandre en poudre
1 cuil. à café de graines de cumin
1 oignon
25 g de tamarin
5 cuil. à soupe d'huile
sel

1 Bien rincer le crabe. Enlever les bouts de pinces poilus et le plastron fixé juste sous les mandibules. Réserver les parties de chair brune et les filaments blanchâtres. Rincer la carapace qui servira à donner plus de saveur au curry. La chair utilisée est avant tout celle des grosses pinces.

2 Couper la noix de coco en petits morceaux. Mixer avec 300 ml d'eau. Filtrer et réserver ce premier lait épais. Mixer à nouveau avec 500 ml d'eau pour obtenir le second lait. Filtrer à nouveau et réserver. Avec du lait de coco en conserve, en diluer la moitié dans 400 ml d'eau pour obtenir l'équivalent du second lait.

3 Faire tremper les piments dans un peu d'eau chaude pour les ramollir.

4 Broyer les piments, le curcuma, l'ail, le gingembre, les graines de pavot, la poudre de coriandre, les graines de cumin et l'oignon au mixeur ou au robot ménager.

5 Faire tremper le tamarin dans 200 ml d'eau chaude.

6 Faire chauffer l'huile dans une cocotte et y ajouter la pâte épicée. Laisser cuire 15 minutes à feux doux, sans cesser de remuer. Si la pâte attache, mouiller avec 50 ml d'eau. Ajouter ensuite le second lait de coco et laisser cuire 10 minutes à feu très doux. Ajouter les pinces de crabe et la carapace avec 1 cuillerée à café de sel et laisser cuire 2 minutes. Verser l'eau de tamarin et le premier lait de coco et porter aussitôt à ébullition. Puis ajouter les parties brunes et blanchâtres du crabe. Bien réchauffer le tout et servir.

Cette recette se prête aussi à des crevettes ou des filets de poisson (450 g de crevettes ou 600 g de filets de poisson à chair ferme suffisent amplement). Idéal avec un riz blanc.

curry de poisson madras
recette familiale, côte du tamil nadu

Un jour que j'interviewais un cuisinier de Bangalore, véritable magicien de la cuisine originaire d'un petit village près de Madras, je lui demandai de préparer un curry, celui qu'il se mitonnerait chez lui, en famille. Le résultat fut absolument délicieux. Voici sa recette. « Faire mariner le poisson dans un mélange de vinaigre et de jus de lime élimine toute odeur déplaisante, m'affirma-t-il, et broyer la noix de coco sans ajouter d'eau en améliore la saveur. » La sauce, épaisse, est très parfumée.

Pour 5 à 6 personnes

800 g de poisson (filets ou darnes), sans la peau
le jus d'1/2 lime
2 cuil. à café de vinaigre de cidre
225 g de noix de coco fraîche, râpée
1 morceau de gingembre frais de 3,5 x 1 cm
6 belles gousses d'ail
450 g de tomates, concassées
6 cuillerées à café de graines de pavot, pilées
1 1/2 cuil. à café de pulpe de tamarin
65 ml d'huile1/4 de cuil. à café de graines de moutarde
350 g d'oignons, hachés
20 à 30 feuilles de cari
1 cuil. à café de coriandre en poudre
1/2 cuil. à café de curcuma en poudre
2 cuil. à café de piment ou de paprika en poudre
sel
3/4 de cuil. à café de graines de fenugrec et 3/4 de cuil. à café de graines de cumin, pilées ensemble

1 Faire mariner le poisson dans le jus de lime avec le vinaigre et un peu de sel pendant 30 minutes.

2 Mixer la noix de coco râpée avec l'ail, le gingembre, les tomates et les graines de pavot pendant 30 secondes. Ne pas ajouter d'eau.

3 Faire tremper le tamarin 30 minutes dans 200 ml d'eau. Filtrer et réserver.

4 Faire chauffer l'huile dans une sauteuse et y ajouter les graines de moutarde. Quand elles crépitent, mettre les oignons et laisser colorer, puis ajouter les feuilles de cari. Quand les oignons sont bien dorés, ajouter les poudres de coriandre, de curcuma et de piment ou de paprika. Remuer sans arrêt pendant 1 minute.

5 Incorporer le mélange à la noix de coco et faire revenir 3 à 4 minutes sans cesser de remuer. Puis verser l'eau de tamarin, environ 3/4 de cuillerée à café de sel et 500 ml d'eau. Porter à ébullition et laisser cuire 3 minutes. Déposer alors doucement les morceaux de poisson à plat dans la sauteuse et réduire le feu au minimum. Saupoudrer du mélange fenugrec et cumin. Laisser cuire jusqu'à cuisson complète.

S'il est cuit quelques heures à l'avance, le poisson n'en sera que plus savoureux. Idéal avec un riz blanc.

poisson au lait de coco (molee de poisson) *kerala*

Le *molee* de poisson, prononcé parfois *moilee*, est un mets anglo-indien, sorte de bourride. On le sert très souvent à Mumbai, à Bangalore et au Kerala, en fait sur toute la côte occidentale de l'Inde. Les recettes se ressemblent toutes plus ou moins, hormis celle du Kerala qui inclut les épices locales telles la cardamome, les clous de girofle et le poivre en grains. Ce curry de saveur subtile est véritablement un plat de l'époque coloniale.

Très facile à faire, il est toujours très apprécié. Généralement servi avec un riz blanc, il s'accompagne également d'un riz parfumé à l'aneth. Le *molee* se prête aussi très bien à des fruits de mer.

Pour 5 personnes

1/4 de cuil. à café de curcuma en poudre
sel
le jus d'1/2 lime
700 g de petits filets de poisson
225 g de noix de coco fraîche, râpée ou 400 ml de lait de coco en conserve
3 cuil. d'huile
1 gros oignon, haché
6 piments verts, fendus en long
6 gousses d'ail écrasées au pilon
2 morceaux de gingembre frais de 2,5 cm
1 petite tomate
2 grains de poivre
1 clou de girofle
2 cardamomes
6 à 8 feuilles de cari (facultatif)
1 petite tomate râpée ou écrasée
1 pincée de poivre du moulin

1 Préparer une marinade avec la moitié du curcuma, du sel, le jus de lime rallongé d'un peu d'eau et en enduire le poisson. Laisser 15 minutes puis rincer.

2 Faire tremper la noix de coco râpée dans 200 ml d'eau puis la broyer au mixeur. Filtrer et réserver ce premier lait. Passer de nouveau la pulpe au mixeur avec 400 ml d'eau. Filtrer le second lait et réserver.

3 Faire chauffer l'huile dans une grande cocotte et y faire revenir les oignons, les piments, l'ail et le gingembre à feu doux jusqu'à ce que les oignons prennent couleur. Compter environ 10 minutes. Ajouter la tomate, les grains de poivre, le clou de girofle, les cardamomes et les feuilles de cari. Attendre 2 minutes avant d'ajouter le second lait de coco et le reste du curcuma, saler à votre goût et laisser cuire 10 minutes à feu doux. Si vous utilisez du lait de coco en conserve, le diluer à parts égales avec de l'eau.

4 Ajouter les morceaux de poisson et le premier lait de coco. Laisser cuire jusqu'à ce que le poisson soit prêt (3 à 5 minutes selon l'espèce). Ôter les épices entières avant de servir.

curry de poisson à la goanaise *goa*

Ce mets emblématique de Goa est particulièrement prisé à Mumbai. C'est aussi l'un des meilleurs currys indiens de poisson. Il doit sa couleur au mélange de piments de type *kashmiri* et de curcuma, employé généreusement, ainsi qu'à la présence de tamarin moulu et rôti avec le curcuma. S'il est très facile à préparer, il importe néanmoins de respecter à la lettre les quantités indiquées.

La sauce doit être légère et onctueuse, ce qui s'obtient traditionnellement en broyant les épices et la noix de coco plusieurs fois à la meule ; au robot ménager il vous faudra les mixer une dizaine de minute pour les réduire en pâte bien lisse. Si votre robot surchauffe, laissez-le refroidir quelques minutes avant de poursuivre la mouture. Le poisson le plus apprécié en Inde pour le curry est le *pomfret*, un poisson plat analogue au carrelet. Le flétan, le colin ou même, étonnamment, le saumon ou les crevettes conviennent aussi.

Pour 4 à 6 personnes

800 g de poisson, coupé en morceaux parés ou non
le jus d'1/2 lime
3/4 de cuil. à café de curcuma en poudre
sel
8 piments rouges, type kashmiri, ou 1 autre variété avec 1 1/2 cuil. à café de paprika
100 g de noix de coco fraîche
3 cuil. à café de graines de coriandre
1 cuil. à café de graines de cumin
2 petits oignons, 1 haché, 1 émincé
1 1/2 cuil. à café d'ail haché
1 1/2 cuil. à café de pulpe de tamarin
2 cuil. à soupe d'huile
1 tomate, râpée ou écrasée
3 piments verts, fendus en long
quelques gombos (facultatif)
1 cuil. à soupe de feuilles de coriandre, hachées

1 Faire mariner le poisson 30 minutes dans le jus de lime additionné d'un peu d'eau avec 1 pincée du curcuma et 1 pincée de sel.

2 Faire tremper les piments rouges 15 minutes dans 200 ml d'eau. Filtrer et réserver l'eau de trempage. Au robot ménager, broyer les piments (et le paprika, le cas échéant), la noix de coco, les graines de coriandre et de cumin, l'oignon haché, le reste de curcuma en poudre, l'ail et 1 cuillerée de pulpe de tamarin pour obtenir une pâte très fine et lisse. Ajouter un peu de l'eau de trempage des piments pour faciliter l'opération, qui prendra 7 à 10 minutes. Éteindre le robot une ou deux fois pour l'empêcher de surchauffer.

3 Faire tremper la 1/2 cuillerée de tamarin réservée dans 100 ml d'eau pendant 15 minutes. Filtrer et réserver l'eau.

4 Faire chauffer l'huile dans une grande sauteuse et y faire blondir l'oignons émincé, soit pendant environ 7 minutes.

5 Ajouter la pâte épicée et faire revenir 5 à 7 minutes à feu moyen, en mouillant avec un peu d'eau au besoin. Si le piment est de bonne qualité, la pâte prendra une teinte orange foncé. Quand l'huile remonte en surface en formant de petites bulles sur la pâte, il est temps de mouiller avec 800 ml d'eau. Adjoindre la tomate, les piments verts, les gombos, saler et laisser cuire 6 minutes. Goûter pour savoir s'il faut ajouter l'eau de tamarin. Ajouter le poisson et laisser cuire jusqu'à cuisson complète. Au moment de servir, parsemer de feuilles de coriandre.

Ce curry se garde une journée au réfrigérateur.

poisson au yaourt (doi maach) *bengale*

Voici une autre spécialité bengali très recherchée, généralement préparée avec de la carpe. Ce n'est qu'au Bengale que l'on cuisine le poisson avec du yaourt.

Pour 4 personnes

600 g de poisson en morceaux
1 1/2 cuil. à café de sel
2 cuil. à soupe de jus de citron
1/2 cuil. à café de curcuma en poudre
2 cuil. à café de moutarde en poudre
1 1/2 cuil. à café de coriandre en poudre
3/4 de cuil. à café de cumin en poudre
1 cuil. à café de piment rouge en poudre
2 cuil. à café de gingembre, haché
2 cuil. à soupe d'ail, haché
5 cuil. à soupe d'huile
1/2 cuil. à café de graines de fenugrec
1 piment vert, haché fin
1 bâton de cannelle de 5 cm
5 cardamomes vertes
3 clous de girofle
2 oignons moyens, émincés
200 ml de yaourt au lait entier, battu
3/4 de cuil. à café de sucre
2 tomates, concassées
3 cuil. à soupe de raisins secs sultanas ou blonds sans pépins (trempés à l'eau)

1 Laver le poisson et ôter la peau. Mélanger 1/2 cuillerée de sel et le jus de citron et en enduire le poisson. Laisser pénétrer pendant 30 minutes avant de rincer.

2 Mélanger les 5 poudres d'épice, l'ail et le gingembre avec 100 ml d'eau pour obtenir une pâte.

3 Faire chauffer l'huile dans une grande casserole et y ajouter les graines de fenugrec, le piment vert haché, la cannelle et les cardamomes. 30 secondes plus tard, ajouter les clous de girofle. Attendre 10 secondes, puis ajouter les oignons et les laisser prendre couleur (12 à 15 minutes). Ajouter la pâte épicée et laisser cuire à feu doux, jusqu'à ce que le mélange ait rendu presque toute son eau. Poursuivre le rissolage quelques minutes de plus sans cesser de remuer.

4 Ajouter 2 cuillerées à soupe d'eau et laisser cuire 1 minute, puis verser 400 ml d'eau et laisser mijoter 10 minutes pour que les oignons soient fondus et les épices bien cuites.

5 Réduire le feu au minimum, ajouter le yaourt battu et remuer sans arrêt pendant 3 minutes. Ajouter le sucre, les tomates, 200 ml d'eau au maximum selon la consistance de sauce désirée et 1 cuillerée de sel et bien mélanger. Déposer les morceaux de poisson délicatement et faire cuire 3 minutes, à découvert, avant de les retourner. Attendre 3 minutes avant d'ajouter les raisins secs et poursuivre la cuisson à découvert jusqu'à ce que le poisson soit cuit.

curry de mangues au yaourt *gujarat*

À la saison des mangues, c'est-à-dire durant l'été en Inde, les Gujarati mangent ce fruit avec leur plat principal et trempent leurs *puri* dans du jus de mangue. Alors, pour ne pas gaspiller la pulpe qui adhère à la peau et au noyau, ils s'en servent pour parfumer un curry au yaourt en faisant bouillir le noyau dans le plat. Ce curry porte curieusement le nom familier de *fajeta*, qui désigne une chose dont on se moque ou une plaisanterie ! Le noyau et la face interne de la peau sont soigneusement nettoyés de toute leur pulpe, car il ne faut surtout rien gaspiller, c'est la raison d'être de ce curry.

La recette de ce plat savoureux est très simple. Pour bien la réussir, il faut respecter la quantité de mangue indiquée. En Inde, on utilise normalement une variété de fruit sucrée et bon marché, dite *pairi*, mais n'importe quelle variété sucrée fera l'affaire, ou même de la pulpe congelée. Ce curry se sert avec du riz blanc ou des *paratha*.

On peut aussi le proposer en accompagnement, à la place d'un *dal* de lentilles. En général, c'est un plat servi uniquement au déjeuner, car la mangue est censée être difficile à digérer – le gingembre et l'asa-fœtida en facilitent la digestion. On peut aussi le transformer en une soupe délicieuse.

Pour 4 personnes

3 mangues bien mûres ou 3 tasses de pulpe de mangue pour la confection du jus

4 1/2 cuil. à soupe de yaourt au lait entier

3 cuil. à soupe de farine de pois chiche (besan)

3/4 de cuil. à café de gingembre en poudre

1 pincée d'asa-fœtida (facultatif)

1 à 2 piments verts

2 cuil. à café de gingembre en purée

1 cuil. à soupe d'huile

1 cuil. à café de graines de cumin

8 feuilles de cari

sel

jaggery ou sucre de canne (facultatif)

1 Faire tremper les mangues 15 minutes dans de l'eau. Faire rouler chaque fruit entre vos mains, en le pressant bien pour le ramollir. Quand le fruit semble mou, appuyer sur la zone du pédoncule, puis faire un petit trou dans le fruit en retirant la queue. Recueillir le jus dans un bol au-dessus d'un tamis, en pressant le fruit ou en le faisant rouler entre vos mains. Quand tout le jus a été exprimé, presser la pulpe dans le tamis avec une cuillère pour en extraire le maximum. Le jus de mangue utilisé dans ce curry ne doit contenir aucune fibre.

2 Fouetter le yaourt pour le rendre onctueux. Ce processus empêche la formation de grumeaux pendant la cuisson.

3 Verser la farine de pois chiche dans un petit bol, ajouter 200 ml d'eau et mélanger pour obtenir une pâte lisse et sans grumeaux.

4 Dans une cocotte, verser le jus de mangue, le yaourt et la farine diluée et bien mélanger, au fouet si nécessaire. Filtrer. Ajouter 400 ml d'eau, le gingembre en poudre et l'asa-fœtida.

5 Réduire les piments en purée dans un moulin à herbes avec le gingembre et les incorporer au mélange mangue et yaourt avec 2 cuillerées à café de sel environ. Faire cuire 15 minutes à feu doux en remuant de temps en temps.

6 Faire chauffer l'huile dans une toute petite poêle ou dans une louche en Inox que l'on tiendra au-dessus d'un feu très doux. Quand l'huile est chaude, ajouter les graines de cumin et faire frire juste 10 secondes, puis ajouter les feuilles de cari et faire frire encore 6 à 7 secondes. Verser l'huile et les épices dans la cocotte. Faire cuire 15 minutes en remuant de temps en temps.

7 Rectifier l'assaisonnement en rajoutant au besoin du sel et éventuellement du sucre. Si vous utilisez du *jaggery,* en briser un morceau correspondant à 1 cuillerée à café et l'ajouter au curry où il fondra rapidement.

curry de pastèque (matira curry) *rajasthan*

Voici une recette du Rajasthan. Dans cette région désertique, les températures dépassent 40 °C en été et, autrefois, quand les denrées alimentaires voyageaient difficilement, les habitants devaient se contenter des produits locaux. Les pastèques (*matira* en rajasthani), qui étaient l'un des rares fruits disponibles en été, servent à faire un curry original, en sauce peu liquide.

C'est un mets de saveur à la fois aigre-douce et forte, d'où la grande quantité de piment en poudre – et le piment du Rajasthan est très piquant. Vous pouvez le remplacer par du paprika, plus doux. Un mets très intéressant à servir avec un riz ou en garniture.

Pour 2 personnes ou pour 4 personnes en accompagnement

1/4 de grosse pastèque
1 1/2 cuil. à café de piment rouge en poudre
1 pincée de curcuma en poudre
1/2 cuil. à café de coriandre en poudre
1 cuil. à café d'ail en purée
sel
2 cuil. à soupe d'huile
1/4 de cuil. à café de graines de cumin
sucre selon le goût (facultatif)
2 à 3 cuil. à café de jus de lime ou de citron

1 Couper la pastèque et l'épépiner. L'éplucher et couper la chair en dés de 4 cm. Prélever 1 tasse de ces morceaux et les passer au mixeur. Mélanger les poudres de piment, de curcuma et de coriandre, l'ail en purée et le sel au jus obtenu.

2 Faire chauffer l'huile dans un wok et ajouter les graines de cumin puis, 20 secondes plus tard, le jus de pastèque. Réduire le feu et laisser cuire 5 minutes environ, le temps que les épices soient cuites et que le liquide ait réduit d'un tiers. Introduire alors le sucre, le cas échéant, puis le jus de lime ou de citron et poursuivre la cuisson 1 minute.

3 Ajouter les dés de pastèque et laisser cuire à feu doux 3 à 4 minutes, en les retournant délicatement pour bien les recouvrir du mélange d'épices.

curry de fruits secs en mélange
(korma de fruits secs) *mumbai*

L'hôtel *Taj Mahal* de Mumbai possède une superbe salle de bal où, plusieurs décennies durant, l'on servait tous les jours un copieux déjeuner au son d'un orchestre. Le bon temps cédant le pas au fonctionnel, le déjeuner-buffet quotidien s'éteignit naturellement à la fin des années 1980.

On y proposait une cuisine végétarienne avec des spécialités indiennes et occidentales. L'une des versions de ce curry y figurait parfois. Voici l'une de mes préférées. J'ai adapté
la recette pour lui donner plus de corps sans l'épicer davantage. C'est un curry idéal pour les grandes occasions, que l'on peut servir soit en plat de résistance, soit en accompagnement d'un repas indien végétarien ; dans ce cas, diminuez la quantité d'eau ajoutée en fin de cuisson. En plat principal, servez-le avec un riz jaune ou au safran.

Pour 4 à 5 personnes

100 g d'abricots secs variété Hunza
100 g d'amandes, blanchies
75 g de pistaches
100 g de noix de cajou
300 ml de yaourt au lait entier
sel
1/2 cuil. à café de poivre blanc moulu
4 cuil. à soupe d'huile
1 feuille de cannelle ou de laurier
1 bâton de cannelle de 5 cm
3 clous de girofle
4 cardamomes vertes
3 oignons moyens, hachés fin
1 morceau de gingembre frais de 2,5 x 1 cm, haché
4 gousses d'ail, hachées
4 piments verts, hachés
1 cuil. à café de coriandre en poudre
1/2 cuil. à café de cumin en poudre
1 cuil. à café de piment rouge ou de paprika en poudre
2 tomates concassées
3 cuil. à soupe de ghee
75 g de cerneaux de noix
100 g de raisins secs blonds
1/4 de cuil. à café de poudre de garam masala
3 cuil. à soupe de crème liquide
quelques cerises confites, pour servir

1 Faire tremper les abricots à l'eau pendant 1 heure 30, puis les fendre et les dénoyauter si nécessaire.

2 Faire tremper les amandes et les pistaches à l'eau chaude pendant 1 heure. Les monder. Réserver l'eau pour le curry.

3 Réduire la moitié des noix de cajou en pâte avec un peu d'eau.

4 Fouetter le yaourt en ajoutant 1/4 de cuillerée de sel et le poivre blanc.

5 Faire chauffer l'huile dans une poêle avec la feuille de cannelle ou de laurier, la cannelle, les clous de girofle et les cardamomes. Ajouter les oignons et les faire brunir. Compter environ 20 minutes. Ajouter ensuite l'ail, le gingembre et les piments et faire revenir 10 minutes. À ce stade les oignons doivent avoir pris une teinte brun foncé. Pour le goût et l'aspect du plat, il est important que les oignons aient une couleur de café au lait.

6 Ajouter la poudre de coriandre et faire revenir 3 à 4 minutes, puis les poudres de cumin et de piment rouge en remuant sans cesse. Attendre 1 minute, puis ajouter les tomates et faire revenir 2 à 3 minutes.

7 Retirer du feu et laisser refroidir. Ôter la feuille de cannelle ou de laurier avant de verser la préparation dans un mixeur pour la réduire en purée. Transférer ensuite dans une cocotte. Ajouter le yaourt battu, la pâte de cajou et 400 ml d'eau, saler, puis laisser cuire 15 minutes à feu doux.

8 Pendant ce temps, faire chauffer le *ghee* dans une poêle et y faire rôtir les amandes, les noix de cajou restantes, les cerneaux de noix, les raisins, les abricots et les pistaches (en réserver quelques-unes pour servir) pendant 6 à 7 minutes.

9 Ajouter le mélange de noix et de fruits secs à la sauce et laisser cuire 15 minutes à feu doux, à couvert. Saupoudrer de *garam masala* et prolonger la cuisson 5 minutes, jusqu'à ce que les noix soient tendres.

10 Juste avant de servir, décorer de volutes de crème, de pistaches et de cerises confites.

curry aux œufs (kurma aux œufs) *chettinad*

Partout en Inde, on prépare un curry aux œufs durs en suivant la recette du curry de ménage le plus courant de la région, auquel on ajoute des œufs durs en fin de cuisson. Ce plat, que l'on sert lorsque des amis arrivent à l'improviste, fournit une bonne source de protéines aux enfants.

Mais dans certaines régions, notamment sur la côte de Malabar et au Chettinad, le curry aux œufs est considéré comme une spécialité culinaire à part entière. Cette recette (adaptée) est celle du raja de Chettinad, M. A. Ramaswamy ; elle a été réalisée pour moi par son son épouse elle-même, Sigapi Ramaswami.

Pour 4 personnes

6 œufs d'élevage biologique, cuits durs
3 cuil. à café de coriandre en poudre
1 1/2 cuil. à café de piment ou de paprika en poudre
1 cuil. à café de graines de fenouil
1 cuil. à café de graines de cumin
1/2 cuil. à café de curcuma en poudre
1 morceau de gingembre de 1 cm x 5 mm
2 belles gousses d'ail
1/2 noix de coco fraîche, râpée ou 100 g de noix de coco séchée ou 200 ml de lait de coco en conserve
2 cuil. à soupe d'huile
1/2 cuil. à café de graines de fenugrec
1/2 cuil. à café de graines de fenouil
1 bâton de cannelle de 5 cm
225 g d'oignons, hachés fin
225 g de tomates, concassées
sel
le jus d'1/2 lime

1 Écaler les œufs et les couper en 2 de bout en bout.

2 Mixer les poudres de coriandre et de piment ou de paprika, les graines de fenouil et de cumin, le curcuma, l'ail et le gingembre dans un mixeur avec 2 cuillerées à soupe d'eau pour les réduire en pâte.

3 Passer la noix de coco au mixeur avec 400 ml d'eau tiède, puis filtrer le lait de coco et réserver.

4 Faire chauffer l'huile dans une cocotte et y faire rôtir les graines de fenugrec et de fenouil avec la cannelle pendant 10 secondes. Ajouter les oignons et les faire blondir. Ajouter la pâte épicée et faire revenir 7 minutes. (Elle va foncer car elle contient beaucoup de coriandre.) Si le mélange attache, mouiller d'un peu d'eau. Puis ajouter les tomates et faire revenir 2 à 3 minutes.

5 Verser 600 ml d'eau tiède additionnée de sel et laisser mijoter 20 minutes à couvert pour obtenir une sauce onctueuse. Juste avant de servir, verser 400 ml de lait de coco et porter à ébullition. Ajouter le jus de lime, goûter et rectifier l'assaisonnement si nécessaire, puis déposer délicatement les moitiés d'œufs durs, côté jaune vers le haut. Transférer soigneusement sur un plat de service.

Pour congeler ce curry, préparez-le sans œufs ni noix de coco, mais rajoutez du sel et du jus de lime. Quand vous voudrez servir ce curry, réchauffez la sauce en lui incorporant les ingrédients omis.

curry d'omelette *côte de malabar*

Les musulmans et les parsis aiment beaucoup les œufs. Les parsis savent les accommoder de multiples façons ; les musulmans, de leur côté, en font des spécialités régionales très originales, que l'on ne trouve nulle part ailleurs. Les musulmans de la côte de Malabar, dans le nord du Kerala, confectionnent un curry avec de l'omelette coupée en lanières.

La sauce, épaisse et très aromatique, enrobe bien les œufs. Ce plat idéal pour un brunch ou un goûter dînatoire se sert avec des tranches de pain. Voici la recette d'Umni Abdulla, maître cuisinier de la région.

Pour 3 personnes

Pour l'omelette

3 œufs d'élevage biologique
1 petit oignon, haché fin
2 piments verts, hachés fin
1 cuil. à café de feuilles de coriandre, hachées
1 pincée de poivre moulu
sel, huile

Pour le curry

2 cuil. à soupe de noix de coco, râpée
½ cuil. à café de cumin
½ cuil. à café de graines de fenouil
2 cuil. à café de coriandre en poudre
½ cuil. à café de piment rouge en poudre
¼ de cuil. à café de curcuma
½ cuil. à café de poudre de garam masala
2 cuil. à soupe d'huile
3 petits oignons, émincés
2 à 3 piments verts, hachés
2 tomates de grosseur moyenne, concassées
1 cuil. à café de vinaigre de cidre
sel
1 cuil. à soupe de feuilles de coriandre, hachées

1 Passer la noix de coco, les graines de cumin et de fenouil, les poudres de coriandre, de piment rouge, de curcuma et de *garam masala* au mixeur avec 2 cuillerées à soupe d'eau et réduire en pâte. Réserver.

2 Battre les œufs pour l'omelette. Incorporer l'oignon, les piments verts, les feuilles de coriandre, le poivre et le sel et bien mélanger.

3 Faire chauffer un peu d'huile dans une grande poêle ; quand elle est chaude, y verser la préparation.

4 Quand le dessous de l'omelette est cuit, la retourner avec une grande spatule pour faire cuire l'autre côté. Retirer du feu. Couper d'abord l'omelette en 2, puis en lanières de 2,5 cm de large. Rouler les lanières sur elles-mêmes et les laisser en attente sur du papier absorbant.

5 Pour le curry, faire chauffer l'huile dans la poêle et y faire revenir les oignons 10 minutes à feu moyen. Ajouter la pâte épicée et faire revenir 3 à 4 minutes. Au besoin, rajouter un peu d'huile pour empêcher le mélange d'attacher car les épices doivent être bien rôties.

6 Ajouter les piments verts et les tomates et faire revenir 5 minutes. Puis mouiller avec le vinaigre, 600 ml d'eau et saler. Laisser cuire 10 minutes à feu doux.

7 Ajouter les feuilles de coriandre et les lanières d'omelette.
Laisser cuire 3 à 4 minutes à feu très doux et servir aussitôt.

curry d'aubergines *kerala*

Voici une recette de cuisine familiale du Kerala. Traditionnellement, on fait cuire tout mets contenant du tamarin dans une marmite en terre cuite, laquelle est souvent de couleur noire dans cette région.

Ce curry relevé a une note acidulée. Il est très savoureux et s'accompagne fort bien d'un riz parfumé, au citron ou à l'aneth, et de *papadam* frites, spécialités de l'Inde du Sud.

Pour 4 personnes

40 g de pulpe de tamarin
500 g de petites aubergines
sel
1/2 noix de coco, râpée ou 125 g de pulpe congelée
6 piments rouges entiers
1 cuil. à café de graines de coriandre
1/2 cuil. à soupe de graines de cumin
4 cuil. à soupe d'huile
1/4 de cuil. à café de graines de moutarde
1 cuil. à café d'ail haché
1 cuil. à café de gingembre frais haché
8 à 10 feuilles de cari
400 g d'oignons hachés
1/4 de cuil. à café de curcuma en poudre
1 cuil. à soupe de feuilles de coriandre, ciselées (pour servir)

1 Faire tremper le tamarin 30 minutes au minimum dans 100 ml d'eau chaude.

2 Inciser les aubergines en croix par le milieu. Éliminer les queues. Les faire tremper 15 minutes dans de l'eau salée pour diminuer leur amertume.

3 Dans une poêle chauffée, faire griller la noix de coco pendant 5 à 6 minutes, puis ajouter les piments et les graines de coriandre et faire rôtir 2 à 3 minutes. Ajouter les graines de cumin et faire rôtir 1 minute. Dans un petit moulin, broyer les épices et les réduire en pâte avec un peu d'eau.

4 Faire chauffer l'huile dans une cocotte et ajouter les graines de moutarde. Quand elles crépitent, ajouter l'ail, le gingembre, les feuilles de cari, puis les oignons et le curcuma. Laisser cuire 25 minutes avant d'incorporer la pâte épicée et faire revenir encore 10 à 15 minutes, en mouillant d'eau si les épices attachent.

5 Verser 400 ml d'eau, bien mélanger, saler (environ 1 1/4 cuillerée à café), puis ajouter les aubergines et couvrir. Attendre 15 minutes avant d'ajouter l'eau de tamarin (après avoir pressé et filtré la pulpe). Laisser cuire jusqu'à cuisson complète des aubergines, puis retirer du feu et, au moment de servir, parsemer de feuilles de coriandre.

curry de chou-fleur et de pommes de terre (gashi de chou-fleur) *mangalore*

En Inde, le chou-fleur est généralement cuisiné comme un légume, rarement en curry. Mais à Mangalore, sur la côte occidentale, la communauté hindoue l'accommode avec de gros morceaux de pommes de terre pour réaliser un *gashi*. Ce plat très savoureux se sert avec un riz blanc.

Pour 3 personnes

1 1/2 tasse de noix de coco fraîche, coupée en morceaux
7 à 8 cuil. à soupe d'huile
300 g d'oignons, hachés
5 piments rouges séchés
2 cuil. à café de graines de coriandre
1/8 de cuil. à café de graines de moutarde
1/8 de cuil. à café de graines de fenugrec
1/4 de cuil. à café de graines de cumin
1 bâton de cannelle de 2,5 cm
4 grains de poivre
2 clous de girofle
1/2 cuil. à café de curcuma
1/2 cuil. à café de paprika en poudre
1 cuil. à café bien pleine de tamarin
1 morceau de gingembre de 2 x 1 cm, haché fin
4 gousses d'ail, hachées fin
200 g de pommes de terre, épluchées, coupées en gros morceaux
sel
400 g de chou-fleur, en gros bouquets

1 Faire tremper 1 tasse de noix de coco dans 400 ml d'eau tiède. Laisser reposer 30 minutes avant de passer au mixeur. Filtrer et réserver le lait de coco.

2 Faire chauffer 1 cuillerée d'huile dans une poêle antiadhésive et y faire revenir 1/2 tasse de noix de coco en morceaux pendant 2 à 3 minutes.

3 Faire chauffer une autre cuillerée d'huile et faire revenir la moitié des oignons 2 à 3 minutes. Réserver.

4 Faire chauffer une nouvelle cuillerée d'huile et faire revenir les piments rouges, les graines de coriandre, de moutarde, de fenugrec et de cumin, la cannelle, les grains de poivre et les clous de girofle pendant 30 secondes, puis retirer du feu.

5 Verser alors la noix de coco, les oignons et les épices dans le bol du mixeur. Ajouter le curcuma, le paprika et le tamarin et réduire en pâte fine avec 100 ml d'eau.

6 Faire chauffer 4 cuillerées d'huile dans une casserole et y faire revenir l'ail et le gingembre pendant 15 secondes avant d'ajouter le reste d'oignons hachés ; faire revenir 7 à 8 minutes jusqu'à ce que ces derniers soient transparents. Ajouter la pâte épicée, faire rôtir 2 minutes puis humecter d'eau et ajouter les pommes de terre. Faire sauter 5 minutes environ. Saupoudrer de sel (environ 1 cuillerée à café). Verser 100 ml d'eau, couvrir et laisser cuire 6 à 7 minutes.

7 Ajouter alors le chou-fleur, 2 tasses de lait de coco et laisser cuire jusqu'à cuisson complète.

Si vous faites un repas pour des amis dont certains sont végétariens, vous pouvez, comme je le suggère à la section des menus, préparer en plus grande quantité la pâte épicée indiquée pour le poulet en sauce à la noix de coco (page 116) afin de réaliser deux currys, dont un de chou-fleur. Le mélange d'épices est très proche de celui-ci, mais on réduit un peu la quantité d'épices pour un curry de légumes.

curry de légumes variés (kath katha) *goa*

Il y a des centaines de façons de préparer un curry de légumes. La plupart des recettes figurant dans ce livre se prêtent aussi bien à la cuisson des légumes qu'à celle de l'agneau, du poulet ou du poisson. Voici un curry hindou goanais. Si le curry de poisson à la goanaise (page 140) est consommé par les hindous et les chrétiens de cette région, seuls les hindous cuisinent un curry de légumes.

Pour 4 personnes

2 oignons
4 cuil. à soupe d'huile
1 tasse de noix de coco, râpée
6 piments rouge séchés
2 cuil. à soupe de graines de coriandre
4 clous de girofle
10 grains de poivre
1 bâton de cannelle de 5 cm
½ cuil. à café de graines de moutarde
⅓ de cuil. à café de graines de cumin
¼ de cuil. à café d'asa-fœtida (facultatif)
¼ de cuil. à café de curcuma en poudre
1 feuille de cannelle ou de laurier
1 éclat de macis
sel
450 g de légumes variés, coupés en dés (igname, carottes, pommes de terre, patates douces, haricots, petits pois)
1 cuil. à café de jus de lime ou de citron, au choix

1 Hacher fin 1 oignon et émincer l'autre.

2 Mettre 1 cuillerée d'huile dans une poêle antiadhésive, ajouter la noix de coco râpée et faire revenir 5 minutes. Retirer du feu et réserver dans un bol.

3 Dans la même poêle, mettre les piments rouges et les graines de coriandre. Faire revenir 3 minutes puis ajouter les clous de girofle, les grains de poivre et la cannelle, et remuer 2 à 3 minutes. Ajouter à la noix de coco réservée.

4 Dans un mixeur, réduire en purée la noix de coco, les épices rôties et l'oignon émincé avec 100 ml d'eau.

5 Faire chauffer le restant d'huile dans une cocotte, y ajouter les graines de moutarde et de cumin, l'asa-fœtida et le curcuma. Attendre 1 minute avant d'ajouter la feuille de cannelle ou de laurier et l'oignon haché, et faire revenir 20 à 25 minutes pour que ce dernier brunisse. Ajouter le mélange d'épices et le macis et faire rôtir 10 à 12 minutes. Verser 600 ml d'eau, saler et bien mélanger.

6 Ajouter les légumes dans l'ordre demandé par leur temps de cuisson. Commencer par l'igname et, 10 minutes plus tard, ajouter les carottes, 5 minutes après, les pommes de terre et les patates douces, enfin 5 minutes plus tard, les haricots. Mettre les petits pois en dernier.

7 Laisser cuire à feu doux, à découvert, jusqu'à cuisson complète. Verser alors le jus de lime ou de citron.

curry à l'ananas (annas curry) *mangalore*

En Inde, l'ananas pousse dans l'Assam et sur toute la côte ouest. Dans les régions côtières du Kerala, de Goa et à Mangalore, les fruits – bananes, mangues, fruit à pain et ananas par exemple – sont souvent cuisinés au sel. Cette recette vient de la communauté brahmane de Mangalore.

Pour 4 personnes

1 tasse de noix de coco râpée
450 g d'ananas frais, épluché et coupé en dés
1/4 de cuil. à café de moutarde en poudre
2 piments verts
1/2 cuil. à café de sel
2 cuil. à soupe d'huile, de beurre ou de ghee
1 pincée de graines de moutarde
12 feuilles de cari 2 piments rouges, émiettés
1 cuil. à soupe de feuilles de coriandre, hachées

Pour la marinade

1/3 de cuil. à café de moutarde en poudre
1/4 de cuil. à café de curcuma en poudre
1 1/2 à 2 cuil. à café de sucre (selon le degré d'acidité de l'ananas)
1/4 de cuil. à café de sel

1 Mettre la moitié de la noix de coco râpée à tremper 15 minutes dans 130 ml d'eau chaude, puis égoutter pour extraire le lait de coco – vous devriez en obtenir environ 100 ml.

2 Mettre l'ananas dans un grand bol. Mélanger les ingrédients de la marinade avec un peu d'eau et verser sur l'ananas. Bien mélanger et laisser mariner au moins 15 minutes.

3 Mettre le reste de noix de coco, la moutarde en poudre, les piments verts et le sel dans un blender avec 200 ml d'eau et réduire en purée.

4 Faire chauffer l'huile dans une poêle. Quand elle fume, jeter une pincée de graines de moutarde et, dès qu'elles crépitent, ajouter les feuilles de cari et mélanger. Elles vont libérer leur arôme dans l'huile. Attendre 1 minute avant d'incorporer les piments rouges en remuant pour les empêcher de brûler, puis ajouter l'ananas. Faire revenir 10 minutes sans cesser de remuer.

5 Verser la purée à la noix de coco et le lait de coco. Vérifier l'assaisonnement et, au besoin, ajuster le sel et le sucre. Laisser cuire 5 minutes ou le temps voulu pour que l'ananas ait la texture désirée. Garnir de feuilles de coriandre avant de servir. Idéal avec un riz blanc accompagné d'un légume, telles des pommes de terre aux épinards ou au fenugrec.

curry de pommes de terre à la crème (malaidhar aloo) *lucknow*

Au cours des vingt dernières années, l'Inde a connu une forte croissance de son industrie laitière, dite « révolution blanche ». Le pays est aujourd'hui le deuxième producteur mondial de lait ! Parallèlement à la consommation accrue de produits laitiers, les Indiens se sont mis à apprécier les plats au fromage. Il est vrai qu'ils ont toujours aimé la cuisine au beurre et au ghee. Cette recette est une création d'un grand chef de Lucknow, Imtiaz Quereshi, légèrement adaptée par mes soins.

Pour 5 personnes en garniture

600 g de pommes de terre de taille moyenne
1/4 de cuil. à café de curcuma
1 cuil. à café de sel
le jus d'1/4 de citron vert ou de citron
400 ml de yaourt au lait entier
150 ml de crème liquide
1 1/2 cuil. à soupe de gingembre haché fin
4 gousses d'ail
1 cuil. à soupe de piments verts hachés fin
1 cuil. à café de sel
1/4 de cuil. à café de macis en poudre
1/4 de cuil. à café de cardamome en poudre
1 cuil. à café de sucre
2 cuil. à café de beurre
1 cuil. à café de poivre noir moulu
3 cuil. à soupe de fromage râpé (cheddar ou cantal doux)
1/2 tasse d'oignons hachés fin
1/2 cuil. à café de graines de cumin noir (shahjeera), facultatif
1 cuil. à soupe de feuilles de menthe, pour la garniture

1 Éplucher les pommes de terre et les couper en rondelles d'environ 1,5 cm d'épaisseur. Les plonger 3 minutes dans de l'eau bouillante avec le curcuma, le sel et le jus de citron vert. Retirer du feu et égoutter. Refroidir dans l'eau froide puis égoutter de nouveau. Piquer légèrement les pommes de terre à la fourchette.

2 Dans une autre casserole, préparer la marinade : y verser le yaourt et fouetter. Ajouter la crème, le gingembre, l'ail, les piments verts et le sel. Adjoindre les pommes de terre et laisser mariner 15 minutes au moins.

3 Mettre la casserole à feu doux et ajouter les poudres de macis et de cardamome, le sucre, le beurre, le poivre, le fromage et l'oignon haché. Mélanger puis verser 300 ml d'eau. Porter lentement à ébullition et ajouter les graines de cumin.

4 Laisser cuire à découvert à tout petit feu jusqu'à cuisson complète des pommes de terre (5 à 7 minutes). Pour servir, réchauffer soit dans la casserole soit au four dans un poêlon. Pour la présentation, parsemer de feuilles de menthe hachée. Idéal en garniture d'un repas indien avec du riz ou des roti, pour accompagner un plat de viande, de poisson, ou un mets végétarien en sauce peu abondante. Peut aussi être entièrement cuit au four et accompagner un repas à l'occidentale.

curry de pois chiches (chanas ou chole) *à la mode sindhi*

Les pois chiches sont connus sous le nom de *kabuli chanas*, « pois de Kabul ». Les Penjabis, qui en sont très friands, les appellent *chole* et les mangent avec des crêpes au froment, les *bathura*. On les prépare dans un mélange d'épices foncées où domine le cumin. Les Sindhi en font aussi un curry, de saveur légèrement acidulée, qu'ils mangent sur des tranches de pain. Ce peut être un plat de résistance servi avec des *roti*, du riz ou du pain, ou une garniture qui remplace un *dal*.Cette recette fait appel à des pois chiches secs que l'on peut aisément remplacer par des pois en conserve. Si vous utilisez des légumes secs, faites-les tremper la veille.

Pour 6 personnes en plat principal - pour 8 personnes en garniture

250 g de pois chiches secs
3 gros oignons
15 g de gingembre frais
15 g d'ail
250 g de tomates, mondées et épépinées
2 cardamomes noires
8 clous de girofle
2 feuilles de cannelle ou de laurier
15 grains de poivre
1 cuil. à café de graines de cumin
sel
1 pincée d'asa-fœtida
65 ml d'huile
1 cuil. à café de curcuma en poudre
1/2 cuil. à café de poudre de garam masala
1 cuil. à café de coriandre en poudre
1/2 cuil. à café de poivre noir moulu
3/4 de cuil. à café de mangue séchée en poudre (amchoor)

1 Faire tremper les pois chiches la veille dans 1 l d'eau (si la cuisson se fait en Cocotte-minute, réduire à 800 ml).

2 Hacher 2 oignons et les réserver. Au robot, réduire le dernier oignon en purée avec l'ail et le gingembre. Réduire les tomates en purée séparément.

3 Mettre les pois chiches avec leur eau de trempage dans une Cocotte-minute ou un faitout ordinaire avec la moitié des oignons hachés, les cardamomes noires, les clous de girofle, les feuilles de cannelle ou de laurier, les grains de poivre, les graines de cumin, 1 cuillerée à café de sel et l'asa-fœtida. Porter à ébullition. Compter 20 minutes de cuisson en Cocotte-minute et 50 minutes au minimum autrement. Égoutter et réserver le jus de cuisson.

4 Faire chauffer l'huile dans une autre cocotte. Ajouter le hachis d'oignons restant et faire revenir 25 minutes jusqu'à ce qu'il soit bien colorés. Introduire le mélange d'oignon, ail et gingembre en purée et faire revenir 10 minutes. (Si vous utilisez des pois chiches en conserve, les ajouter à ce stade.)

5 Ajouter les poudres de curcuma, de *garam masala* et de coriandre, le poivre et la mangue en poudre, et bien mélanger. Attendre 1 minute avant d'ajouter les tomates en purée et faire revenir quelques minutes.

6 Adjoindre les pois chiches et remuer délicatement. Mouiller avec l'eau de trempage (vous pouvez éliminer les épices qui ont déjà donné tout leur parfum) et laisser cuire jusqu'à cuisson complète. Saler à votre goût en fin de cuisson.

Pour les pois chiches en conserve, comptez 2 boîtes de 450 grammes chacune.

curry sindhi (sindhi besan ka curry) *bombay*

Voici un curry préparé avec quelques cuillerées à café de farine de pois chiche (vous pouvez la remplacer par de la farine de blé complète). C'est une grande spécialité de la communauté sindhi, généralement servie au déjeuner du dimanche avec du riz blanc et des pommes de terre sautées, dites *took*.
Ce curry contenant beaucoup de légumes et de lentilles, c'est un mets idéal pour des convives végétariens, et sa consistance est celle d'un *dal* liquide. Il est très apprécié aussi en soupe : il suffit d'ajouter une cuillerée de riz au moment de servir. On le sert toujours au déjeuner car il est plutôt lourd à digérer.

Pour 6 personnes
1 1/2 cuil. à café de pulpe de tamarin
6 morceaux de kokum (facultatif)
2 à 3 pommes de terre de grosseur moyenne
1 petite carotte
10 à 12 gombos
6 piments verts
4 petites aubergines
150 g d'igname
65 ml d'huile
1 cuil. à café de graines de fenugrec
1 cuil. à café de graines de cumin
2 cuil. à café de gingembre frais, haché fin
environ 12 feuilles de cari
1/4 de cuil. à café d'asa-fœtida
65 ml de farine de pois chiche (ou de blé complète)
1 cuil. à café de piment rouge en poudre
1 cuil. à café de curcuma en poudre
12 à 15 haricots verts fins
sel
1 cuil. à café bien pleine de sucre
8 feuilles de menthe
1 cuil. à soupe de feuilles de coriandre, hachées

1 Faire tremper séparément le tamarin et le kokum dans 100 ml d'eau pendant 30 minutes.

2 Brosser les pommes de terre. Les couper en quartiers ou en gros morceaux, selon leur taille, sans nécessairement les éplucher. Brosser la carotte et la couper en lamelles de 4 cm. Couper les queues des gombos sans ôter l'opercule pour éviter qu'ils ne s'écrasent durant la cuisson. Hacher 2 piments. Couper les aubergines en 2, en long. Éplucher l'igname et le couper en morceaux.

3 Dans un faitout de grande contenance (3 litres au minimum), faire chauffer 4 cuillerées à soupe d'huile et ajouter les graines de fenugrec puis de cumin. Attendre 30 secondes avant d'ajouter le gingembre, les piments hachés et les feuilles de cari.

4 Laisser revenir 1 minute puis ajouter l'asa-fœtida et la farine de pois chiche ou de blé. Remuer sans arrêt pendant 4 à 5 minutes. La farine va absorber l'huile et prendre l'aspect d'une pâte. Plus ce mélange est bien manié, plus la saveur sera corsée. Réduire le feu et faire revenir.

5 Introduire les poudres de piment et de curcuma avec une autre cuillerée d'huile et faire revenir 2 à 3 minutes. Mouiller avec 1,6 l d'eau chaude en remuant sans arrêt pour faire une bonne liaison. Porter à ébullition et laisser cuire 10 minutes à feu doux.

6 Ajouter les légumes (d'abord l'igname puis, 10 minutes plus tard, les pommes de terre et, 5 minutes après, les autres légumes), avec le sel, le sucre, 4 piments verts entiers, l'eau de tamarin et le kokum avec son eau de trempage. Laisser cuire jusqu'à cuisson complète des légumes. Ajouter alors les feuilles de menthe et de coriandre. Le curry va épaissir un peu en cuisant.

Les piments verts sont laissés entiers pour ceux qui les aiment ainsi. Si vous servez ce curry en soupe, omettez les piments. Ce plat s'accompagne toujours de riz.

le riz

Le riz est, peu ou prou, l'aliment de base de la moitié des Indiens. On le cultive principalement dans les zones de delta et au bord des fleuves, ainsi que dans les régions irriguées ou arrosées par les moussons. Cette céréale serait originaire des hauts plateaux de Thaïlande et du nord-est de l'Inde. Quand les jeunes pousses sont transplantées, les champs sont recouverts de quelques centimètres d'eau et doivent rester bien arrosés jusque peu avant la récolte. Certaines régions de l'Inde ne produisent qu'une seule récolte par an, tandis que d'autres, qui ont aujourd'hui de l'eau en suffisance, en produisent couramment deux. Le rendement est de 80 millions de tonnes de riz par an sur environ 45 millions d'hectares. Il n'existe pas dans le pays une seule région où le riz ne joue pas un rôle culinaire important. Partout, le riz blanc accompagne les currys, les *dal*, le yaourt et les légumes. Il sert à fabriquer de la farine et, au Kerala, on en fait aussi des *roti* (galettes de pain cuites sur plaque). Moulu, il entre dans la préparation d'en-cas tels que *dosa* et *idli* très populaires dans tout le Sud. Il est utilisé aussi pour la confection de desserts comme le *mutaranjan*, qui est le *pulao* sucré des musulmans, et le *kheer*, riz au lait indien.

Chaque région du pays cultive une variété particulière de riz, essentiellement destinée à la consommation locale. Outre le basmati, les variétés les plus courantes sont le *jeera* (à grain court et fin, semblable à la graine de l'épice qui lui donne son nom, *jeera*, «le cumin»), le *golden sela* (très prisé dans le Nord, ce riz basmati précuit, légèrement doré, est excellent pour les *pulaos*, car les grains se tiennent), l'*ambe mohue*, où pointe une saveur de mangue (*ambe* signifie «mangue»), cultivé dans le Maharashtra, et le *punni*, un riz long grain qui vient du Tamil Nadu. Sur la côte de l'Inde du Sud, le riz est l'ingrédient majeur de la cuisine.

Le basmati est le roi des riz. Il est célèbre tant pour son grain très long et fin, qui s'allonge encore pendant la cuisson, que pour son arôme. Cette variété, rapportée d'Afghanistan dit-on, fut initialement plantée sur les collines du Dehra Dun, au nord-ouest de Delhi, où elle bénéficie d'un air frais au moment de la récolte. Aujourd'hui, bien sûr, le riz basmati est cultivé dans tout le Penjab, dans l'État voisin d'Haryana et, aux pieds de l'Himalaya, dans la région dite du Terai, en Uttar Pradesh. L'Inde exporte le riz basmati vers le Royaume-Uni, les États-Unis et le Moyen-Orient. Le raffinage excessif destiné à rendre les grains bien blancs lui fait perdre son arôme. À l'époque coloniale, il portait le nom de *patna*. Aujourd'hui, le basmati est cultivé aussi au Pakistan, en Thaïlande et aux États-Unis. Méfiez-vous, les riz long grain ne sont pas tous des basmati.

Beaucoup plus cher que le riz ordinaire, on l'emploie pour les *biryani* et dans les grandes occasions. Pour réaliser un plat de riz parfait, il faut que les grains aient au moins un an d'âge. Nombreuses sont les familles qui stockent leur riz pendant un an, en y mélangeant un peu d'huile pour repousser les insectes. Sur les marchés, on peut trouver du riz «vieux», qui est un peu plus cher. Il est regrettable que le riz basmati d'un an d'âge ne soit pas commercialisé en Occident.

la cuisson du riz

Il y a deux méthodes de cuisson : la première est la même que pour les pâtes – on met à bouillir une grande quantité d'eau additionnée d'une pincée de sel et d'un peu d'huile, puis on y jette le riz ; quand il est cuit, on égoutte l'eau en excès. Dans les campagnes indiennes, c'est ainsi qu'on le prépare, dans de grands pots ventrus à col étroit qui permettent de vider facilement l'eau de cuisson et gardent bien la chaleur en laissant l'humidité s'évaporer lentement.

La seconde est un procédé par absorption : elle consiste à verser exactement la quantité d'eau que le riz doit absorber pour avoir la consistance désirée. La précision est parfois difficile, car le dosage précis de l'eau dépend de la variété de riz utilisée, de son âge, etc.

Choisissez toujours un faitout qui sera plein aux trois quarts quand le riz sera cuit – et le riz gonfle beaucoup. S'il remplit presque entièrement le faitout, il ne pourra pas se dilater comme il faut. Comptez 100 g ($^{1}/_{2}$ verre) de riz sec par personne. Pour un repas de 6 à 8 personnes, ajoutez 100 g pour les gros mangeurs.

En Asie du Sud-Est, la cuisson se fait dans des cocottes électriques qui tiennent le riz au chaud sans le ramollir. Très pratique, ce mode de cuisson exige de doser l'eau avec précision.

Le riz étant censé être un aliment rafraîchissant pour le corps, on en mange midi et soir en été. L'hiver, dans le climat plus froid de l'Inde du Nord, on ne le sert généralement pas le soir, alors qu'en Inde du Sud on en mange toute l'année. C'est un aliment facile à digérer qui convient aux convalescents.

basmati

riz précuit de madras

amber mohar

golden sela

riz rouge de goa

riz colam

riz blanc pour 2 personnes

200 g de riz
260 ml d'eau, pour du basmati (ou suivre les instructions données sur le paquet)
sel
1 tombée d'huile

Il est préférable de faire cuire le riz 1 heure environ avant le début du repas. Rincer le riz à deux reprises, jeter l'eau, puis le mettre à tremper 15 à 20 minutes. Il va gonfler de 25 %.
La mesure d'eau exacte dépend de la variété de riz employée. Pour le basmati, on l'estime en gros à 30 % de plus que la quantité de riz. Mettre l'eau à bouillir dans un grand faitout, saler (environ 1/6 de cuillerée à café pour 200 ml de riz) et ajouter une tombée d'huile ; quand l'eau bout, jeter le riz dedans et laisser cuire jusqu'à cuisson presque complète (95 %), soit 10 minutes de bouillon pour un basmati. Au besoin, rajouter un peu d'eau chaude puis réduire le feu au minimum et interposer une plaque ou un diffuseur de chaleur entre le brûleur et le faitout. Couvrir. Cela entretiendra une douce chaleur qui permettra au riz de ne pas attacher au fond. Laisser le riz finir sa cuisson à l'étouffée. Quand il est bien cuit, arrêter le feu et ôter le couvercle pour permettre l'évaporation. Remuer délicatement avec une fourchette pour finir de sécher le riz et en détacher parfaitement les grains.

Vous pouvez assaisonner le riz avec des graines de cumin préalablement rôties dans une louche avec 2 cuillerées à soupe de beurre, de *ghee* ou d'huile pendant 30 secondes. Parsemer sur le riz au moment de servir.

riz parfumé

Pendant la cuisson du riz, ajouter 1 bâton de cannelle d'1 cm et 1/4 de feuille de laurier avec, éventuellement, 1 cardamome et 1 clou de girofle. Retirer les épices avant de servir.

riz jaune

On peut servir ce riz en toute occasion, car seule la couleur change, le goût et l'arôme n'étant pas altérés. Ajouter simplement 1 pincée de curcuma pendant la cuisson.

riz au safran

Faire tremper quelques filaments de safran 30 minutes dans 3 cuillerées à soupe d'eau. Quand le riz est prêt, verser dessus l'eau de trempage avec le safran à l'aide d'une petite cuillère et couvrir aussitôt pour conserver tout l'arôme.

riz jaune et blanc (riz biryani)

Vous avez sans doute remarqué que, dans les restaurants, les *biryani* que l'on vous sert sont bicolores, jaune d'or et blanc. L'astuce est simple. Lorsque le riz est cuit à point, les cuisiniers versent quelques gouttes de colorant alimentaire jaune sur le dessus. Le colorant se disperse dans le riz en le marbrant de jaune. Vous pouvez aussi ajouter quelques gouttes de colorant vert pour obtenir un riz tricolore.

riz pulao

Pour 200 g de riz pulao, émincer 1 petit oignon. Faire chauffer 2 cuillerées à soupe d'huile dans la cocotte et y faire revenir l'oignon pour qu'il brunisse. Ajouter le riz, un petit morceau de feuille de laurier, 1 bâton de cannelle d'1 cm et 1 clou de girofle. Faire revenir 2 minutes. Procéder ensuite comme pour le riz blanc.

riz au citron

200 g de riz
8 noix de cajou
1/8 de cuil. à café de curcuma en poudre
sel
3 cuil. à soupe d'huile
1 piment vert, haché fin
1/4 de cuil. à café de graines de moutarde
10 feuilles de cari
le jus d'1/2 citron ou d'1 lime

1 Rincer le riz deux ou trois fois à l'eau courante. Le faire tremper ensuite 30 minutes.

2 Pendant ce temps, faire tremper les noix de cajou 15 minutes dans 200 ml d'eau.

3 Dans un faitout, faire bouillir une quantité d'eau égale à 1 fois 1/4 le volume de riz. Quand l'eau bout, jeter le riz avec la poudre de curcuma et 1/4 de cuillerée de sel. Le riz devrait être cuit en 11 minutes, une fois l'eau absorbée. Éteindre et retirer du feu, puis dresser le riz sur un grand plat pour qu'il refroidisse en séchant. Laisser en attente 30 minutes.

4 Faire chauffer l'huile dans un wok ou une grande poêle. Y faire revenir le piment 1 minute, puis ajouter les graines de moutarde, les noix de cajou égouttées et les feuilles de cari, et faire rôtir 30 secondes. Ajouter le jus de citron ou de lime. Adjoindre le riz en remuant délicatement avec une spatule pour ne pas l'écraser. Servir aussitôt.

riz sauté

600 g de riz
5 cuil. à soupe d'huile
2 oignons moyens, émincés
1 bâton de cannelle d'1 cm
1 feuille de laurier
6 clous de girofle
½ éclat de macis (facultatif)
2 cuil. à café de sucre
sel

1 Faire tremper le riz 15 minutes. Bien rincer et égoutter.

2 Faire chauffer l'huile dans une cocotte et y faire brunir les oignons. Ajouter la cannelle, le laurier, les clous de girofle et le macis et faire revenir 5 minutes. Ajouter le sucre et faire caraméliser. Adjoindre le riz et faire revenir 2 minutes. Saler (environ 1 cuillerée à café), verser 800 ml d'eau bouillante et laisser cuire 9 à 10 minutes jusqu'à ce que le riz soit cuit à point.

riz à l'aneth *(sooaa chawal)*

200 g de riz
3 cuil. à soupe d'huile
2 cardamomes vertes
½ à 1 piment vert, haché fin (facultatif)
⅓ de tasse d'aneth frais, ciselé
sel

1 Laver le riz et le faire tremper.

2 Faire chauffer l'huile dans une cocotte et y faire revenir les cardamomes et le piment vert pendant 1 minute. Ajouter alors l'aneth et 1 pincée de sel et faire revenir 2 minutes à feu doux. Adjoindre le riz et faire revenir 1 minute. Verser alors 250 ml d'eau chaude dans le cas d'un basmati, ou suivre les instructions données sur le paquet. Cuire jusqu'à ce que le riz soit à point.

les pains indiens ou *roti*

En Inde, les pains traditionnels sont des galettes sans levain appelées *roti* (qui rappelle le vieux français *rostie*, «tranche de pain grillée»), faites avec de la farine de blé complète (*aata*), de millet (*bajra*) ou de sorgho (*jowar*). Ces deux dernières sont consommées dans les campagnes de l'ouest et du centre du pays, alors que le blé est la principale céréale de l'Inde du Nord et de la plupart des régions urbaines, exception faite de la côte sud et de toute la partie orientale, dominées par le riz. Les pains d'influence musulmane contiennent du levain, ainsi les *naan*, les *roti khamiri* et diverses autres sortes de *roti* de Mumbai.

La pâte est faite avec la céréale broyée mélangée à de l'eau tiède (l'eau dite tiède sous les tropiques serait considérée plutôt chaude en climat tempéré). Il en est qui ajoutent un peu de *ghee* ou d'huile à la pâte pour rendre le *roti* plus souple. Certains *roti* servis dans les restaurants, comme le *roomali roti* (aussi fin et grand qu'un mouchoir), contiennent des œufs.

De nombreuses ménagères indiennes achètent encore leurs grains entiers pour les donner à moudre une à deux fois par mois dans une échoppe du voisinage. Elles veulent être sûres d'avoir un blé complet, non dénaturé. Ces dernières années, la farine de blé complète en paquet a fait son apparition dans les épiceries et gagne peu à peu la confiance, mais il n'existe pas de marque de farine populaire dans tout le pays.

La pâte de base pour la plupart des *roti* est la suivante :
200 ml de farine complète
65 ml d'eau chaude
2 cuil. à soupe de ghee *ou d'huile*

Mélanger la farine et l'eau, soit à la main soit au robot ménager, pour obtenir une pâte. Ajouter ensuite le *ghee* ou l'huile, puis pétrir à la main pendant 5 minutes au moins, 8 minutes de préférence, car ce pétrissage rend la pâte élastique et donne aux *roti* une texture plus souple.

Pour un résultat optimal, couvrir avec un linge humide et laisser 1 heure en attente.

Avec cette pâte, vous pouvez réaliser 12 *chapati* ou *poori* légers ou 6 *paratha*, ce qui doit suffire pour 3 personnes.

chapati

Pour confectionner des *chapati*, il vous faut une plaque de cuisson. En Inde, cette plaque spéciale en fonte, légèrement concave, est appelée *tawa*. Utilisée tous les jours, elle ne risque pas de rouiller. Saupoudrer un peu de farine sur une planche. Y déposer la boulette de pâte et l'aplatir avec la main. Saupoudrer d'un peu de farine puis étirer doucement au rouleau à pâtisserie pour obtenir une galette mince de 15 cm de diamètre. Si nécessaire, saupoudrer de farine durant le processus, mais très peu sinon les *chapati* seront secs. Déposer sur une plaque chauffée à feu vif. Dès l'apparition de taches brunes, retourner le *chapati* et laisser cuire entièrement, surtout sur les bords, en appuyant au besoin avec le dos d'une cuillère. Retourner de nouveau le *chapati* pour finir la cuisson du premier côté.

Dans le sens des aiguilles d'une montre en partant du haut :
naan, chapati, poori, paratha

Pour confectionner des *chapati* juste avant le repas, procéder comme indiqué puis les envelopper dans du papier d'aluminium ou dans une boîte hermétique (c'est ainsi qu'on les conserve aujourd'hui en Inde) pour qu'ils restent frais jusqu'au moment de servir. Si vous voulez les préparer plusieurs heures à l'avance, étaler un peu d'huile au pinceau sur les *chapati* pendant la cuisson, les plier en deux et les envelopper tous ensemble dans du papier d'aluminium. Les réchauffer au four juste avant de servir.

phulka

Certaines personnes préfèrent les *chapati* soufflés. Pour les réussir, il vous faut une flamme nue près de la plaque de cuisson. Placer la galette sur la plaque jusqu'à l'apparition de taches brunes, la presser avec le dos d'une grande cuillère, la soulever avec une pince et la tenir au-dessus d'une flamme nue. Quand elle est cuite, la retourner au-dessus de la flamme, elle aura alors gonflé.

Après l'avoir retirée du feu, la badigeonner d'un peu d'huile, de *ghee* ou de beurre. Vous pouvez empiler les *phulka* sur une assiette, et consommer sans tarder.

poori

En Inde du Nord, les *poori* sont servis au petit déjeuner avec des pommes de terre en sauce. On les retrouve au Gujarat où ils font partie du *thali*, et ils sont courants aussi au Bengale.

Diviser la pâte de *chapati* en 12 boulettes ; aplatir chacune pour obtenir une galette de 12,5 cm, en saupoudrant au besoin d'un peu de farine. Dans une sauteuse, faire chauffer assez d'huile pour que le *poori* en soit entièrement recouvert, sinon il ne gonflera pas. Faire frire les *poori* un par un en les retournant dans l'huile.

paratha

Le *paratha* est un *chapati* amélioré. Vous pouvez assaisonner la pâte avec des feuilles de menthe ciselées et un peu de sel et de paprika, au choix.

Diviser la pâte à *chapati* en 6. Saupoudrer d'un peu de farine puis rouler chaque portion pour obtenir un ovale d'environ 20 cm de long. Rabattre alors les côtés avec les doigts pour former un 8, puis le replier pour obtenir une galette de 10 cm en double épaisseur. Rouler de nouveau pour former une galette de 18 cm de diamètre. Mettre un peu de *ghee* ou d'huile sur une plaque de cuisson et y déposer le *paratha*. Quand le premier côté est cuit, le badigeonner d'un peu de *ghee* ou d'huile avant de le retourner. Retirer du feu quand il est cuit. Empiler les *parathas* et, s'ils ne sont pas servis immédiatement, les envelopper dans du papier aluminium. Réchauffer au four avant de servir.

On peut farcir les *parathas* avec des légumes. Les farces les plus courantes sont faites de pommes de terre cuites à l'eau et épicées ou de radis râpés et épicés. Assaisonner avec une pointe de piment rouge, du cumin en poudre, une pincée de mangue séchée en poudre et du sel.

les garnitures de légumes

Si, dans un repas indien, un curry n'est pas incontournable, les légumes sont indispensables au déjeuner et au dîner. En Inde, le repas se compose souvent d'un ou deux plats de légumes, d'un *dal* de lentilles, d'un mets au yaourt tel qu'un *raïta,* le tout accompagné de *roti* et/ou de riz. Les plats figurant dans cette section seront soit des composantes d'un tel repas, soit des garnitures de curry.
Je ne donne ici que quelques-uns des plats de légumes populaires en Inde. Tous sont très simples à préparer.

épinards au fromage frais (palak paneer)

Pour 2 personnes

450 ml de lait
100 ml de yaourt
sel
2 cuil. à café de jus de lime ou de citron
250 g d'épinards frais ou 1 petit paquet d'épinards congelés
2 piments verts, hachés
1/2 cuil. à café de gingembre frais, haché
2 cuil. à soupe d'huile
1 pincée de graines de fenugrec
1 oignon, haché
1 gousse d'ail, hachée
1/4 de cuil. à café de graines de cumin
2 tomates, réduites en purée

1 Pour faire le fromage, porter le lait juste à ébullition puis incorporer le yaourt avec 1 pincée de sel et le jus de lime ou de citron. Maintenir l'ébullition 7 à 10 minutes. Le lait va alors cailler. Retirer du feu et laisser refroidir.

2 Verser le lait dans une passoire posée au-dessus d'un bol pour recueillir à la fois le caillé et le petit-lait. Garder le caillé dans le petit-lait jusqu'à son utilisation. Le moment venu, le presser dans la passoire avec un presse-purée à main ou avec le dos d'une grande cuillère pour exprimer l'excès de petit-lait. On peut aussi l'égoutter dans un linge. On obtient ainsi environ 100 g de fromage frais ou *paneer.*

3 Faire cuire les épinards avec les piments, le gingembre et 1 pincée de sel ; s'il s'agit d'épinards frais, les asperger d'eau. Laisser cuire à découvert pour qu'ils restent bien verts. (Le sel y contribue aussi.) Une fois refroidis, les réduire en purée au mixeur.

4 Faire chauffer l'huile dans une poêle et y faire revenir les graines de fenugrec pendant 30 secondes, puis ajouter l'oignon et le faire blondir. Ajouter l'ail et le cumin, suivis des tomates 30 secondes plus tard. Laisser revenir 5 minutes environ.

5 Quand les tomates ont rendu leur eau, ajouter le caillé et remuer délicatement. Incorporer la purée d'épinards et laisser cuire quelques minutes avant de servir aussitôt.

haricots verts sautés (porial de haricots verts)

Pour 4 personnes

250 g de haricots verts
1/2 cuil. à café de lentilles blanches entières, dites urad dal
1/4 de tasse de noix de coco râpée
3/4 de cuil. à café de graines de cumin
1 1/2 cuil. à soupe d'oignons, hachés fin
10 à 12 feuilles de cari, ciselées
sel
2 cuil. à soupe d'huile ou de beurre
1 piment vert, haché fin et épépiné, si désiré
1/3 de cuil. à café de graines de moutarde

1 Ébouter les haricots et ôter les fils. Les couper en tronçons de 1 cm.

2 Faire tremper les *urad dal* 15 minutes dans 100 ml d'eau. Égoutter et réserver.

3 Mettre la noix de coco râpée dans un bol. Ajouter les graines de cumin, l'oignon et les feuilles de cari et bien mélanger.

4 Faire bouillir les haricots 5 minutes à découvert dans 200 ml d'eau additionnée d'1/4 de cuillerée à café de sel. Égoutter.

5 Faire chauffer l'huile ou le beurre dans une poêle et y faire revenir les piments jusqu'à ce qu'ils soient vert pâle, puis ajouter les graines de moutarde et, 20 secondes plus tard, les graines d'*urad dal.* Attendre 1 minute avant d'ajouter l'oignon et la noix de coco et faire revenir 2 minutes sans cesser de remuer. Adjoindre les haricots, mélanger et laisser cuire quelques minutes à feu doux jusqu'à ce qu'ils soient à point.

Dans le sens inverse des aiguilles d'une montre en partant du haut : chou aux épices et à la tomate, petites aubergines farcies, chou aux graines de moutarde, petits pois et carottes au cumin.

chou-fleur au gingembre râpé (punjabi gobi)

Le chou-fleur est difficile à digérer et provoque des flatulences, dit-on, surtout si l'on rajoute de l'eau en cours de cuisson. Voilà pourquoi, en Inde du Nord, on le cuit toujours à sec. Le gingembre et le cumin facilitent la digestion et préviennent les flatulences. Voici une méthode de cuisson très classique qui donne un résultat vraiment savoureux.

Pour 4 personnes

1 chou-fleur de 500 g
3/4 de cuil. à café de graines de cumin
3 cuil. à soupe d'huile
1 à 2 cuil. à soupe de gingembre frais, râpé
1 pincée de piment rouge en poudre
1/4 de cuil. à café de cumin en poudre
sel
1 pincée de garam masala

1 Couper le chou-fleur en bouquets. Piler les graines de cumin.

2 Faire chauffer l'huile dans un wok et y faire revenir le gingembre. Attendre 30 secondes avant d'ajouter les graines de cumin et les poudres de piment et de cumin. Puis ajouter 1/4 à 1/2 cuillerée à café de sel, remuer et adjoindre le chou-fleur.

3 Saupoudrer de *garam masala* et bien mélanger. Couvrir et laisser cuire à feu doux jusqu'à ce que le chou-fleur soit cuit à votre goût. Servir sans tarder.

chou épicé à la tomate

Pour 4 personnes

1 chou de 450 g
2 oignons moyens
1 morceau de gingembre frais de 1 **x** *0,5 cm*
1 piment vert
2 tomates de grosseur moyenne
3 cuil. à soupe d'huile
1/8 de cuil. à café de curcuma en poudre
1 cuil. à café de coriandre en poudre
1/2 cuil. à café de piment rouge en poudre
sel

1 Râper ou couper le chou en lanières en les séparant bien. Hacher très finement les oignons, le gingembre et le piment. Concasser les tomates.

2 Faire chauffer l'huile dans un wok. Ajouter l'oignon, le gingembre et le piment et faire revenir jusqu'à ce que l'oignon ait bruni. Compter environ 25 minutes.

3 Ajouter les poudres de curcuma, de coriandre et de piment rouge. Ajouter le chou et bien mélanger. Couvrir et laisser cuire 10 minutes avant d'ajouter les tomates. Saler et laisser cuire jusqu'à cuisson complète.

petites aubergines farcies (masala baingan)

Pour 2 à 3 personnes

1 cuil. à café de coriandre en poudre
1/4 de cuil. à café de cumin en poudre
1/4 de cuil. à café de curcuma en poudre
1/4 de cuil. à café de piment rouge en poudre
1/8 de cuil. à café de sel
1/4 de cuil. à café de mangue séchée en poudre (amchoor)
1 cuil. à café de sucre
250 g de petites aubergines
3 cuil. à soupe d'huile

1 Bien mélanger toutes les épices avec le sel et le sucre. Entailler les aubergines en biais sur 2,5 cm de profondeur. Farcir les entailles avec le mélange d'épices.

2 Faire chauffer l'huile dans une sauteuse à fond épais ou antiadhésive et y placer les aubergines farcies.

chou aux graines de moutarde

Pour 2 personnes

400 g de chou, coupé en fines lanières
sel
4 cuil. à soupe d'huile
1/4 de cuil. à café de graines de moutarde
1 piment vert, haché
1 dé de gingembre frais de 5 mm, haché
une dizaine de feuilles de cari
1/3 de cuil. à café de sucre

1 Faire tremper le chou 15 minutes dans un eau légèrement salée, puis égoutter.

2 Faire chauffer l'huile dans une sauteuse et ajouter les graines de moutarde. Quand elles crépitent, ajouter le piment, le gingembre et les feuilles de cari et faire revenir 1 minute. Adjoindre le chou, saler et sucrer. Faire revenir en mélangeant bien tous les ingrédients. Laisser cuire à feu doux, à découvert, jusqu'à la cuisson désirée.

gombos aux oignons (bhindi pyaz)

Pour 2 personnes

250 g de gombos (bhindi)
sel
2 cuil. à soupe d'huile
2 oignons moyens, hachés
1 à 2 piments verts
3/4 de cuil. à café de graines de cumin, écrasées

1 Laver les gombos et les mettre à tremper 5 minutes dans de l'eau légèrement salée. À l'aide d'un couteau bien affûté, couper la queue juste au-dessus du bourrelet. Couper les gombos en tronçons de 2 cm.

2 Faire chauffer l'huile dans une grande poêle antiadhésive. Y faire brunir les oignons. Ajouter d'abord les piments et les faire sauter jusqu'à ce qu'ils soient vert pâle, puis les graines de cumin. Faire rôtir 30 secondes.

3 Adjoindre les gombos et saler. Bien mélanger. Laisser cuire à feu doux, à découvert. Remuer de temps en temps pour empêcher les gombos d'attacher. Laisser cuire jusqu'à cuisson complète.

petits pois et carottes au cumin (gajar mutter)

Pour 2 personnes

3 cuil. à soupe d'huile
2 oignons moyens, hachés fin
1 piment vert, haché fin
1 gousse d'ail, hachée fin
1 dé de gingembre frais de 1 cm, haché fin
1/4 de cuil. à café de coriandre en poudre
1 cuil. à café de cumin en poudre
1/4 de cuil. à café de piment rouge en poudre
1/2 cuil. à café de graines de cumin
1 petite tomate, concassée
150 g de petits pois écossés frais ou congelés
75 g de carottes, coupées en dés
sel

1 Faire chauffer l'huile dans une poêle antiadhésive et y faire brunir les oignons à feu doux. Compter de 20 à 25 minutes. Ajouter ensuite le piment vert, l'ail et le gingembre. Faire revenir 3 minutes.

2 Ajouter les poudres de coriandre, de cumin et de piment rouge avec les graines de cumin, et faire revenir 2 minutes. Mouiller avec 3 cuillerées à soupe d'eau et bien mélanger. Poursuivre la cuisson des épices 3 minutes.

3 Adjoindre la tomate et laisser cuire 2 à 3 minutes avant d'ajouter les petits pois et les carottes. Couvrir et laisser cuire jusqu'à cuisson complète.

les pommes de terre

Les pommes de terre sont très consommées dans tout le pays, seules ou en mélange avec d'autres légumes comme le chou-fleur, le chou, les poivrons, les haricots verts et les petits pois.

Toutes les recettes suivantes, destinées à des pommes de terre servies sans sauce, peuvent accompagner n'importe quel curry ou plat de lentilles.

pommes de terre à la gujarati

500 g de pommes de terre
1/2 cuil. à café de curcuma en poudre
sel
2 cuil. à soupe d'huile
1/2 cuil. à café de graines de moutarde
1/2 cuil. à café de lentilles blanches urad dal*, rincées*
16 à 20 feuilles de cari
1/2 cuil. à café de piment en poudre
1/4 de cuil. à café de sucre

1 Faire bouillir les pommes de terre sans les éplucher avec le curcuma et 1 cuillerée à café de sel. Quand elles sont presque cuites, les égoutter, les laisser refroidir, les peler et les couper en petits dés.

2 Faire chauffer l'huile dans un wok, ajouter les graines de moutarde et les *urad dal.* Attendre 10 secondes avant d'ajouter les feuilles de cari et la poudre de piment. Après 5 secondes, mouiller avec un peu d'eau et laisser cuire 3 minutes, puis ajouter le sucre et 1 pincée supplémentaire de sel.

3 Faire sauter les dés de pommes de terre dans ce mélange et laisser cuire quelques minutes jusqu'à ce qu'elles soient bien chaudes et cuites à cœur.

pommes de terre au fenugrec (aloo methi) *penjab et sind*

250 g de pommes de terre, si possible nouvelles
3/4 de tasse de feuilles de fenugrec
sel
3 cuil. à soupe d'huile
2 gousses d'ail, hachées
1 piment vert haché
1/8 de cuil. à café de curcuma en poudre
4 tiges d'aneth frais, hachées
1 cuil. à soupe de feuilles de coriandre, hachées

1 S'il ne s'agit pas de pommes de terre nouvelles, les peler et les couper en petits morceaux. Les nouvelles peuvent rester entières, avec la peau.

2 Faire tremper les feuilles de fenugrec 30 minutes dans un bol d'eau peu salée pour éliminer leur légère amertume. Les égoutter, puis les hacher.

3 Faire chauffer l'huile dans une grande poêle ou un wok. Y ajouter l'ail et le piment. Quelques secondes plus tard, ajouter les feuilles de fenugrec et laisser revenir 1 minute.

4 Adjoindre les pommes de terre et la poudre de curcuma, saler et laisser revenir 2 minutes ; puis ajouter l'aneth et les feuilles de coriandre.

5 Couvrir, réduire le feu au minimum et laisser cuire 15 minutes ou jusqu'à ce que les pommes de terre soient cuites. Au besoin, humecter d'un peu d'eau.

pommes de terre aux cacahuètes

450 g de pommes de terre
1 pincée de curcuma en poudre
50 g de cacahuètes
1 à 2 piments verts, hachés fins
4 cuil. à soupe de ghee *ou d'huile*
1 cuil. à café de graines de cumin
1/4 de cuil. à café d'asa-fœtida (facultatif)
1 à 2 piments verts, hachés fins
quelques feuilles de cari

1 Faire bouillir les pommes de terre à l'eau salée, sans les éplucher, avec la poudre de curcuma. Quand elles sont cuites, les égoutter puis les plonger dans l'eau froide et les peler.

2 Piler les cacahuètes dans un mortier ou les passer au moulin. Faire chauffer le *ghee* ou l'huile dans une cocotte. Quand la graisse est bien chaude, jeter les graines de cumin et, dès qu'elles sautent, saupoudrer d'asa-fœtida, le cas échéant, puis ajouter les piments et les feuilles de cari. Adjoindre les pommes de terre et les cacahuètes, saler et remuer délicatement pour bien les enrober d'épices.

3 Laisser cuire 2 minutes au moins pour que les légumes soient chauds à cœur, puis retirer du feu et servir.

Dans le sens des aiguilles d'une montre en partant du haut : pommes de terre au yaourt; sautées en mélange d'épice; aux feuilles de fenugrec; aux cacahuètes; à la mode gujarati

pommes de terre sautées en mélange d'épices (sukha aloo)

500 g de pommes de terre
sel
1/2 cuil. à café de curcuma en poudre
50 ml d'huile
1/2 cuil. à café de coriandre en poudre
1 cuil. à café de piment rouge en poudre
1/2 cuil. à café de poudre de garam masala
1/3 de cuil. à café de mangue séchée en poudre (amchoor)

1 Faire bouillir les pommes de terre 5 minutes à l'eau salée, sans les éplucher, avec la poudre de curcuma. Les égoutter, les laisser refroidir puis les peler. Les couper en grosses frites ou en petits morceaux.

2 Mettre l'huile dans un wok (de préférence à revêtement anti-adhésif) avec les poudres de coriandre et de piment. Laisser les épices chauffer à feu doux avec l'huile. Dès que celle-ci est chaude, ajouter les pommes de terre et bien remuer. Couvrir et laisser cuire en remuant de temps en temps. Compter environ 20 minutes.

3 Quand la cuisson est presque achevée, ajouter le *garam masala* et mélanger deux ou trois fois. Juste avant de servir, saupoudrer de mangue séchée et mélanger une dernière fois.

pommes de terre au yaourt (dahiwalla aloo) à la *maharashtrian*

500 g de pommes de terre
2 oignons moyens
50 g de noix de coco fraîche, râpée
3 ou 4 piments verts
2 gousses d'ail
1 morceau de gingembre de 2,5 **x** *1 cm*
1 1/2 cuil. à café de coriandre en poudre
1 cuil. à café de cumin en poudre
1 cuil. à café de piment rouge en poudre
1/2 cuil. à café de curcuma en poudre
2 cuil. à soupe de yaourt au lait entier
2 cuil. à soupe d'huile
1/8 de cuil. à café de graines de moutarde
quelques feuilles de cari ou
1 cuil. à soupe de feuilles de coriandre
sel

1 Éplucher les pommes de terre et les couper en rondelles d'1 cm d'épaisseur.

2 Au robot ménager, réduire les oignons, la noix de coco, les piments verts, l'ail et le gingembre en purée avec les poudres de coriandre, de cumin, de piment rouge et la moitié du curcuma additionnés de 2 cuillerées à soupe d'eau.

3 Bien fouetter le yaourt à la fourchette et laisser en attente.

4 Faire bouillir les pommes de terre à l'eau salée (environ 1 cuillerée à café) avec le 1/4 de cuillerée de curcuma restant. Quand elles sont aux trois quarts cuites, les égoutter et les laisser refroidir.

5 Faire chauffer l'huile dans un wok et y ajouter les graines de moutarde. Quand elles crépitent, jeter les feuilles de cari ou de coriandre puis la purée d'épices. Laisser revenir 7 à 8 minutes en remuant de temps en temps.

6 Incorporer le yaourt battu et bien mélanger. Mouiller alors avec 100 ml d'eau, goûter et saler. Adjoindre les pommes de terre et laisser cuire à feu doux jusqu'à cuisson complète (15 minutes environ).

les lentilles (dal)

Le riz aux lentilles est le plat national indien. On le sert aussi avec des *roti* dans toutes les classes sociales, du nord au sud et de l'est à l'ouest du pays. Tous les acides aminés dont le riz est dépourvu sont présents dans les légumineuses, ce qui fait de ce mélange le plat de protéines idéal pour les végétariens, facile à digérer qui plus est.

Chaque région a sa variété de *dal* préférée. Dans le Penjab et à Delhi, la favorite est la lentille noire, *urad dal,* que l'on fait cuire avec une très grande quantité de beurre et de *ghee,* raison pour laquelle je ne la mentionne pas dans ce livre. De plus, ce n'est pas la meilleure à servir en accompagnement d'un curry. Dans l'est du pays, la faveur populaire va à la *gram dal*, connue sous le nom de lentille du Bengale *(chana dal).* Dans l'Uttar Pradesh, le nord et l'ouest, on aime la *moong dal,* une lentille verte. Facile à digérer, on la sert aux convalescents. Dans l'Uttar Pradesh, État traversé par le Gange sur la majeure partie de son cours et où l'on cuisine les meilleurs *dal* du pays, la *masoor dal* est également très prisée et fort bien accommodée. Dans le Sud, la lentille la plus consommée est la *toor dal,* appelée aussi *arhar dal.* Cette lentille jaune est employée pour la préparation du *sambhar,* sorte de soupe aux épices moulues, de consommation quotidienne.

Ces *dal* se présentent sous diverses formes : entières ou cassées, avec ou sans peau dans le cas des *moong*, lavées ou non, huilées ou non. Une fois cuites, elles se gardent deux jours au réfrigérateur.

moong dal *à la mode de l'uttar pradesh*

200 g de moong dal *jaunes*
2 grosses tomates, concassées
2 piments verts, hachés
1 dé de gingembre frais de 2,5 cm, haché
3 belles gousses d'ail, hachées
1/4 de cuil. à café de curcuma en poudre
sel
1 cuil. à soupe de feuilles de coriandre, hachées
8 feuilles de cari environ
1 cuil. à soupe d'huile ou de beurre

1 Bien rincer les lentilles. Les faire tremper 15 minutes.

2 Faire bouillir 1 l d'eau dans un faitout. Mettre les lentilles avec les tomates, les piments, le gingembre, 2 gousses d'ail et la poudre de curcuma. Ramener à ébullition puis saler. Laisser cuire 30 minutes. Retirer du feu et fouetter délicatement pour réduire les graines en purée. Adjoindre les feuilles de coriandre et de cari et laisser cuire 5 minutes.

3 Faire chauffer l'huile ou le beurre dans une louche, ajouter l'ail réservé et le faire dorer. Verser dans le *dal,* il est prêt à servir. Sa consistance doit être celle d'un potage onctueux.

Dans le sens des aiguilles d'une montre en partant du haut à droite : dal *de lentilles du Bengale,* moong dal *au naturel,* moong dal *à la mode Uttar Pradesh,* masoor dal *à la mode Uttar Pradesh*

masoor dal *à la mode de l'uttar pradesh*

250 g de masoor dal *roses*
5 gousses d'ail
1 cuil. à café de pulpe de tamarin (facultatif)
sel
200 g de potiron rouge, en morceaux
1 oignon moyen, haché
3 petites tomates, concassées
1 dé de gingembre frais d'1 cm, haché
2 à 3 piments verts, hachés
1 cuil. à café de coriandre en poudre
1/2 cuil. à café de cumin en poudre
1 cuil. à café de piment rouge en poudre
2 cuil. à café de jus de lime
1 cuil. à soupe d'huile ou de beurre

1 Bien rincer les lentilles et les faire tremper 30 minutes.

2 Hacher 3 gousses d'ail et les mettre à part ; hacher ensuite les 2 autres.

3 Faire tremper le tamarin, le cas échéant, dans 100 ml d'eau pendant 30 minutes.

4 Faire bouillir 1,4 l d'eau dans un faitout. Jeter les lentilles, ramener à ébullition et saler avec 1 cuillerée à café de sel. Ajouter le potiron, l'oignon, les tomates, les 3 gousses d'ail hachées, le gingembre, les piments verts et les poudres de coriandre, de cumin et de piment rouge. Laisser cuire 30 minutes à feu moyen.

5 Verser l'eau de tamarin et le jus de lime dans le faitout à travers un chinois. Laisser reprendre le bouillon 2 minutes, puis retirer du feu et fouetter délicatement pour réduire les lentilles en purée.

6 Au moment de servir, faire chauffer l'huile ou le beurre dans une louche et y faire revenir l'ail réservé pendant 1 minute. L'ajouter au *dal.* Ce plat, tout à fait savoureux, a la consistance d'un porridge crémeux.

dal de lentilles du bengale chana dal *(cholar dal du bengale)*

250 g de lentilles du Bengale (chana dal)
1 cuil. à soupe d'huile ou de ghee
1 cuil. à soupe de raisins secs
sel
2 gousses d'ail, hachées
1 morceau de gingembre frais de 1 cm, haché
2 piments verts, hachés
1 feuille de cannelle ou de laurier
1/2 cuil. à café de graines de cumin
3/4 de cuil. à café de piment rouge en poudre
1/2 cuil. à café de curcuma en poudre
1 tomate, concassée
1/2 cuil. à café de sucre (facultatif)
1 pincée d'asa-fœtida
1 cuil. à soupe de feuilles de coriandre, hachées
quelques raisins secs pour servir

1 Bien rincer les lentilles. Les faire tremper 15 à 20 minutes.

2 Verser la moitié de l'huile ou du *ghee* dans une louche au-dessus d'un feu moyen et y faire revenir les raisins 1 minute. Réserver sur du papier absorbant. Faire cuire les lentilles 20 minutes dans 500 ml d'eau jusqu'à ce qu'elles soient tendres. Saler avec 1 cuillerée à café de sel. Retirer du feu et laisser en attente.

3 Verser le restant d'huile ou de *ghee* dans une petite poêle et y faire revenir l'ail, le gingembre, les piments verts et la feuille de cannelle ou de laurier. Attendre 2 minutes avant d'ajouter les poudres de cumin, de piment rouge et de curcuma et bien mélanger. Adjoindre la tomate et continuer de remuer 2 minutes de plus.

4 Incorporer ce mélange dans le *dal* avec le sucre, le cas échéant, et l'asa-fœtida. Porter à ébullition et laisser cuire jusqu'à ce que les graines soient très tendres sans se désintégrer. Au moment de servir, réchauffer le *dal* et garnir de feuilles de coriandre fraîches et de raisins secs.

Au Bengale, on sucre ce plat, mais pas au Bengladesh. L'asa-fœtida est censé faciliter la digestion et prévenir les flatulences, car le chana dal *est lourd à digérer.*

moong dal au naturel churi dal, à la mode sindhi

En sindhi, *churi* signifie « séparé ». Ce plat de dal a la consistance du riz, avec des graines entières et séparées les unes des autres.

150 g de moong dal *jaunes, trempées dans l'eau pendant 1 heure*
sel
1 pincée de curcuma en poudre
1/4 de cuil. à café de coriandre en poudre
1/4 de cuil. à café de cumin en poudre
1/4 de cuil. à café de piment rouge en poudre
1/4 de cuil. à café de mangue séchée en poudre (amchoor)
1/4 de cuil. à café de beurre ou d'huile

1 Faire bouillir 200 ml d'eau dans un petit faitout et y jeter les lentilles, égouttées de leur eau de trempage. Ramener à ébullition puis saler. Laisser cuire jusqu'à ce que toute l'eau soit absorbée, puis baisser le feu au minimum et intercaler une plaque (ou un diffuseur de chaleur) entre le faitout et la flamme. On obtient ainsi une chaleur douce et uniforme qui empêche le *dal* d'attacher. Compter 20 minutes pour que toute l'humidité résiduelle soit absorbée.

2 Au moment de servir, transférer le *dal* chaud dans un plat de service. Saupoudrer avec les épices, l'une après l'autre. Faire chauffer ensuite le beurre ou l'huile dans une louche et, quand la graisse est chaude, la verser sur les épices. Couvrir le plat quelques secondes, puis découvrir et servir aussitôt. Ce *dal* doit avoir la consistance d'un riz bien cuit.

le yaourt (raïta)

Les *raïta* sont faciles à faire. Il s'agit avant tout de yaourt battu ou fouetté, fait au lait entier ou demi-écrémé. Si vous choisissez du yaourt au lait entier, diluez-le avec un peu d'eau pour l'alléger.

Les *raïta* s'assaisonnent avec sel, poivre et cumin en poudre. On peut aussi les sucrer légèrement, surtout si le yaourt est un peu aigre. Telle est la recette de base du *raïta.* Ensuite, après avoir transféré ce mets dans le bol de service, on peut agrémenter la présentation et en relever la saveur en le parsemant de feuilles de coriandre ciselées et en le saupoudrant de piment rouge ou de paprika.

Le *raïta* est souvent complété de quelques cuillerées à café de chutney rouge ou de chutney au tamarin qui ajoutent une note acidulée très agréable. Les *chaat,* en-cas épicés servis dans la rue, en sont un bon exemple. Vous trouverez en page 200 la recette d'un chutney rouge qui se marie bien avec le *raïta.*

Vous pouvez l'enrichir d'autres ingrédients de votre choix. Concombre, pomme de terre, tomate ou oignon coupés fin sont les plus courants. Il est fréquent aussi d'ajouter du potiron blanc ou de petites aubergines cuites à l'eau, des épinards blanchis que l'on combine parfois à des raisins secs ou des dattes, et des *bhoondi* – petites boulettes de farine de pois chiche frites. Les Sindhi et les Gujarati ajoutent aussi du *sev,* petit en-cas filandreux à base de farine de pois chiche, qui entre dans la composition du *Bombay mix*. Toutes les combinaisons sont possibles.

Sachez que les *raïta* sont des mets très rafraîchissants et, comme tels, les Indiens ne les servent pas le soir en hiver.

raïta de concombre

100 ml de yaourt au lait entier
1/2 tasse au minimum de concombre, pelé et haché fin
sel et poivre
1/8 de cuil. à café de cumin en poudre
1/[illegible] cuil. à café de sucre
1 pincée de paprika en poudre
1 cuil. à café de feuilles de coriandre, ciselées

Fouetter le yaourt. Ajouter, selon votre goût, un peu d'eau. Adjoindre le concombre, le sel, le poivre, la poudre de cumin et le sucre. Bien mélanger. Verser dans un bol de service et agrémenter de paprika et de feuilles de coriandre.

raïta de pomme de terre

1 grosse pomme de terre
300 ml de yaourt au lait entier
sel et poivre
1/8 de cuil. à café de cumin en poudre et 1 pincée de paprika en poudre
1 cuil. à café de feuilles de coriandre, ciselées

Faire cuire la pomme de terre à l'eau salée sans l'éplucher. Quand elle a refroidi, la peler et la couper en petits dés. Fouetter le yaourt. Ajouter, selon votre goût, un peu d'eau. Assaisonner de sel, de poivre et de cumin et bien mélanger. Incorporer délicatement les dés de pomme de terre. Transférer dans un bol de service et agrémenter de paprika et de feuilles de coriandre.

raïta d'épinards

15 feuilles d'épinard, bien rincées
200 ml de yaourt
sel et poivre, 1/8 de cuil. à café de cumin en poudre
13 à 15 raisins secs ou 3 dattes (facultatif)
1 pincée de paprika en poudre

Couper les épinards en fines lanières. Les faire bouillir 3 à 4 minutes dans 200 ml d'eau légèrement salée, puis les égoutter. Fouetter le yaourt. Assaisonner de sel, de poivre et de cumin. Incorporer les épinards, les raisins secs ou les dattes coupées en lamelles, le cas échéant. Verser dans un bol de service et saupoudrer de paprika.

raïta de tomate

200 ml de yaourt
sel et poivre, 1/8 de cuil. à café de cumin en poudre
1 grosse tomate, concassée
1/8 d'oignon, haché fin
1 cuil. à café de feuilles de coriandre

Fouetter le yaourt. Ajouter, selon votre goût, un peu d'eau. Assaisonner de sel, de poivre et de cumin. Le mélanger avec la tomate et l'oignon et transférer dans un bol de service. Garnir avec des feuilles de coriandre.

Dans le sens des aiguilles d'une montre en partant du haut à droite : raïta *de pomme de terre,* raïta *d'épinards,* raïta *de tomate et* raïta *de concombre*

les papadam

Les *papadam, (papad,* en Inde) accompagnent tout repas de riz et *dal* et souvent aussi le curry. De rigueur dans certaines régions de l'Inde, notamment le Sud, ils ne le sont pas dans d'autres.

Les *papadam* sont fabriqués soit avec de la farine de lentille (de diverses variétés) soit avec des farines de riz et lentille en mélange. Ceux qui contiennent de la farine de riz viennent du Sud et doivent être frits. Ceux à base de farine de lentille viennent du nord et peuvent être grillés ou frits. Ils sont assaisonnées au poivre noir, à l'ail et au piment, ou encore aux herbes et aux épices. Aujourd'hui, on fabrique des mini *papadam* à frire que l'on sert au repas ou à l'apéritif. À Bombay, on les appelle familièrement les *disco papad.* Là-bas, tout ce qui est nouveau et en vogue porte le préfixe « disco » !

En Inde du Nord, les *papad* sont censés agir comme des « pompes à graisse ». Les Sindhi terminent toujours leur repas avec des *papad* grillés et attendent ce moment pour boire de l'eau, car, selon leur croyance, boire de l'eau sans manger un *papad* peut déclencher une toux. Pour faire griller un *papad* de lentille, faire chauffer une plaque de cuisson ou une poêle à crêpe et, quand elle est très chaude, faire griller le *papad* des deux côtés en pressant bien les bords. Les *papad* grillés se conservent bien deux à trois heures. Vous pouvez aussi tenir le *papad* au-dessus d'une flamme nue. Parfois la poêle est enduite d'un peu de beurre ou d'huile avant d'y faire rôtir le *papad.* Les *papad* frits doivent être mangés rapidement car ils ramollissent vite.

Pour les dîners et les grandes occasions, faites rôtir les *papad* dans un peu d'huile ou de beurre et parsemez-les de feuilles de coriandre, de piment rouge ou de paprika et de noix de coco séchée ; c'est joli et savoureux. Vous pouvez les préparer une heure à l'avance et les dresser sur la table. Quant à les fabriquer chez soi, c'est trop difficile.

papad au piment rouge

papad nature

mini papad

papad de l'Inde du sud

papad au poivre noir

les chutneys

Le mot «chutney» vient de *chaat-na*, «lécher». Le chutney est d'ailleurs un condiment à se lécher les babines! On le prépare soit par broyage d'ingrédients frais soit par cuisson. Les chutneys ne contiennent jamais de viande et se caractérisent par leur note acidulée : les Indiens aiment la saveur acide, estimant bon pour la santé d'intégrer une composante acide dans tout repas.

Le chutney de tomates est courant dans tout le pays. Si les chutneys d'herbes sont consommés dans le Nord et l'Ouest et ceux à la noix de coco dans le Sud, les chutneys mêlant herbes et noix de coco sont typiques des régions occidentales. Dans le Penjab et à Delhi, on mange du chutney à la menthe et au yaourt. Le chutney de noix est une recette du Cachemire, celui aux cacahuètes une recette de l'Andhra Pradesh. Il se conserve bien deux jours au réfrigérateur, dans un récipient fermé; au-delà, sa saveur s'altère rapidement.

chutney vert à la noix de coco

3/4 de tasse de feuilles de coriandre
1 cuil. à soupe de feuilles de menthe
3/4 de tasse de noix de coco fraîche râpée
2 piments verts
1 gousse d'ail
1 cuil. à café de gingembre frais, haché
1/2 cuil. à café de sel
1/3 de cuil. à café de cumin en poudre
1 cuil. à café de sucre en poudre
2 cuil. à café de jus de lime

Passer tous les ingrédients au mixeur, à l'exception du jus de lime, sans ajouter d'eau. Quand le mélange est réduit en pâte onctueuse, transférer dans un bol de service. Incorporer le jus de lime et bien mélanger à la cuillère. Servir en condiment avec tous les currys à la noix de coco et le *dhansak*.

chutney vert

1 tasse de feuilles de menthe
1 tasse de feuilles de coriandre
1 ou 2 piments verts hachés
1/2 petit oignon, haché
1/4 de cuil. à café de cumin en poudre
1/4 de cuil. à café de sel
1 cuil. à café de sucre
2 cuil. à café de jus de lime ou de citron

Réduire tous les ingrédients en purée, à l'exception du jus de lime ou de citron. Incorporer ensuite le jus et bien mélanger.

chutney rouge

100 g de noix de coco fraîche, râpée
1 petit oignon, haché
2 cuil. à café de feuilles de coriandre
1 morceau de gingembre de 2 cm
1 1/2 cuil. à café de piment rouge en poudre
1/2 cuil. à café de cumin en poudre
2 gousses d'ail
1 cuil. à café de sucre
3 cuil. à soupe de ketchup
6 dattes dénoyautées
2 cuil. à café de jus de lime
1/2 cuil. à café de sel

Passer tous les ingrédients au mixeur et les réduire en pâte.

chutney aux cacahuètes

100 g de cacahuètes
1 cuil. à soupe de pulpe de tamarin
2 piments verts
1 cuil. à café de sel
10 feuilles de cari
1 oignon
1 cuil. à café d'huile
1/2 cuil. à café de graines de cumin
1/2 cuil. à café de graines de fenugrec
*1/2 cuil. à café d'*urad dal
2 cuil. à soupe de noix de coco fraîche, râpée

1 Faire griller les cacahuètes à sec (même avec la peau) dans une poêle pendant 15 minutes. Quand elles commencent à foncer, les retirer du feu. Les laisser refroidir puis les monder.

2 Faire tremper le tamarin 10 minutes dans 50 ml d'eau. Passer tous les ingrédients au robot ménager ou au mixeur pour les réduire en pâte.

Dans le sens des aiguilles d'une montre en partant du haut à droite : dal *de lentilles du Bengale,* moong dal *au naturel,* moong dal *à la mode Uttar Pradesh,* masoor dal *à la mode Uttar Pradesh*

les cachumber

Le *cachumber* est au repas indien ce que la *salsa* est au repas mexicain. Il fournit des légumes crus relevés d'une note acidulée. Le plus classique est le *cachumber* d'oignons crus, qui se décline de multiples façons. C'est un mélange d'oignons hachés fin, de tomate et de feuilles de coriandre (et de piments verts pour ceux qui les aiment), assaisonné de jus de lime et de sel. Les variantes comprennent des oignons émincés assaisonnés de sel, de poudre de piment et de jus de lime.

En règle générale, les Indiens aiment les oignons crus tant par goût que par souci de leur santé. Les oignons contenant du soufre, ils estiment bon d'en manger cru en petite quantité, sans trop se soucier de l'effet sur leur haleine. Ils ont en effet l'habitude de se rincer la bouche après le repas et de mastiquer une feuille de bétel, un clou de girofle ou une cardamome verte pour se rafraîchir l'haleine. Les oignons stimulent les passions, c'est pourquoi les familles brahmanes n'en mangent jamais, cuits ou crus.

Dans l'ouest de l'Inde, au Maharashtra et sur la côte occidentale, les *cachumber*, très prisés, sont particulièrement variés et portent le nom de *koshumbir.* On les prépare avec toutes sortes de légumes. Je vous donne ici des recettes au chou et aux carottes. Ce sont des mets tellement savoureux qu'on peut les servir en salade ou en garniture de légumes. Voici les recettes de *koshumbir* qui m'ont été confiées par Anju Sirur.

cachumber classique d'oignon et tomate

1 oignon de grosseur moyenne
1 tomate de grosseur moyenne
1/4 de poivron vert
2 cuil. à café de feuilles de coriandre
jus de lime
sel

Hacher fin l'oignon, la tomate, le poivron et les feuilles de coriandre. Ajouter le jus de lime et une pincée de sel. Bien mélanger.

cachumber d'oignon émincé

1 oignon
1/8 de cuil. à café de paprika
1 pincée de sel
jus de lime selon le goût

Émincer l'oignon très fin. Assaisonner de paprika, de sel et du jus de lime.

Dans le sens des aiguilles d'une montre en partant du haut à droite : koshumbir *de carottes,* cachumber *d'oignons émincés,* cachumber *classique d'oignon et tomate,* koshumbir *de chou*

koshumbir de chou

1/4 de chou
1/4 de noix de coco fraîche ou 50 g de noix de coco séchée
1/2 piment vert doux (facultatif)
1/4 de poivron
le jus d'1 lime
1/2 cuil. à café de sucre en poudre
sel
2 cuil. à soupe de ghee ou d'huile
1 pincée de graines de moutarde
8 à 10 feuilles de cari

1 Passer le chou à la râpe fine. Râper finement la noix de coco fraîche. Hacher très fin le piment vert (moitié inférieure). Hacher le poivron et réserver pour la garniture.

2 Préparer une sauce avec le jus de lime, le sucre et 1 pincée de sel. Combiner le chou râpé, la noix de coco et le piment et répartir la sauce dessus. Bien mélanger.

3 Faire chauffer le *ghee* ou l'huile dans une louche, ajouter les graines de moutarde ; quand elles crépitent, adjoindre les feuilles de cari. Retirer du feu et attendre 30 secondes avant d'incorporer au chou. Dresser dans un bol de service et garnir du poivron haché.

koshumbir de carottes

450 g de carottes
65 g de noix de coco fraîche ou séchée
1/2 tasse de cacahuètes, grillées
le jus d'1 lime
1/2 cuil. à café de sucre en poudre
1/2 cuil. à café de sel
2 piments verts doux (facultatifs)
2 cuil. à soupe d'huile
1/4 de cuil. à café de graines de cumin

1 Râper les carottes et la noix de coco fraîche, le cas échéant, et les combiner. Broyer grossièrement les cacahuètes au moulin à café. Préparer une sauce avec le jus de lime, le sucre et le sel. Bien mélanger avec les carottes.

2 Fendre les piments à demi, le cas échéant. Faire chauffer l'huile dans une louche, ajouter les graines de cumin et, 10 secondes plus tard, les piments. Attendre 10 secondes pour verser le mélange sur les carottes. Bien mélanger et garnir avec les piments.

les desserts

mousse à la mangue

Pour 6 personnes

800 g de pulpe de mangue en conserve
200 ml de crème à fouetter
1 cuil. à soupe de gélatine en poudre
2 œufs, blancs et jaunes séparés
2 cuil. à café de sucre en poudre
le jus d'1 lime

1 Verser la pulpe de mangue dans un bol à mélange. Fouetter au batteur électrique.

2 Dans un autre bol, fouetter la crème en chantilly légère.

3 Faire dissoudre la gélatine dans un peu d'eau chaude.

4 Battre les blancs en neige pas trop ferme au fouet électrique. Incorporer délicatement la gélatine et le sucre aux blancs. Ajouter le jus de lime. Incorporer la crème fouettée et la mangue. Mélanger soigneusement mais délicatement. Verser dans un grand compotier ou dans des bols individuels et laisser prendre au moins 3 heures au réfrigérateur.

shrikand (yaourt égoutté aromatisé)

Voici un merveilleux dessert au yaourt, sucré ou non, très facile à réaliser. Au Maharashtra, on le sert dans les grandes occasions.

Pour 3 personnes

1 l de yaourt
4 cuil. à soupe de lait
1/2 cuil. à café ou moins de safran
2 à 3 cuil. à soupe de sucre en poudre (selon votre goût et l'acidité du yaourt)
1/4 de cuil. à café de cardamome en poudre
1 cuil. à soupe d'amandes en poudre (facultatif)
quelques amandes effilées pour servir

1 Égoutter le yaourt pendant 3 heures dans un linge fin au-dessus d'un bol ; jeter le petit-lait.

2 Verser le lait dans un bol avec le safran et bien mélanger à la cuillère pour que le safran infuse et colore le lait d'un beau jaune d'or.

3 Quand le yaourt est complètement égoutté, l'incorporer au lait safrané et sucrer. Bien mélanger au fouet ou au mixeur pour obtenir une consistance onctueuse, semblable à de la crème fouettée. Ajouter alors la poudre de cardamome et celle d'amandes, le cas échéant.

4 Verser dans un grand compotier ou dans des bols individuels, garnir d'amandes effilées et laisser prendre 1 heure au moins au réfrigérateur.

kulfi (crème glacée à l'indienne)

Le *kulfi* (illustré en face), l'un des desserts préférés des Indiens, est une crème glacée confectionnée par réduction du lait, résultat d'un très long temps d'ébullition. On peut le réaliser facilement avec du lait condensé. Les moules à *kulfi*, traditionnellement en aluminium, sont aujourd'hui en plastique. Un bac à glaçons convient aussi très bien.

2 boîtes de 450 g de lait condensé
4 cuil. à soupe de sucre
3 cardamomes
1 douzaine de filaments de safran
3 cuil. à soupe de crème épaisse
2 feuilles d'argent pour le décor (facultatif)

1 Dans une casserole à fond épais, faire cuire le lait 10 minutes à feu doux avec le sucre et les cardamomes, en remuant sans arrêt et en raclant bien le fond et les côtés. Retirer du feu. Éliminer les cardamomes et ajouter le safran. Bien mélanger et laisser refroidir. Adjoindre alors la crème.

2 Remplir les moules à *kulfi* ou les bacs à glaçons. Faire congeler 4 à 5 heures. Le *kulfi* se conserve comme les crèmes glacées, au congélateur.

3 Pour démouler, plonger le moule quelques secondes dans l'eau chaude. Décorer avec des feuilles d'argent, surtout s'il s'agit d'un dessert de fête.

halva au blé complet (atte ka seera)

Voici un dessert relativement pauvre en cholestérol (utilisez une huile polyinsaturée) et économique ; il se prête bien à la confection en grande quantité pour être ensuite congelé. Les enfants l'adorent. Il complète bien un brunch ou un goûter dînatoire. En Inde, on le sert en dessert, bien sûr, mais aussi l'hiver au petit déjeuner. Sa réalisation n'est pas sans effort puisqu'il faut remuer souvent le mélange pendant 20 minutes au moins, mais le résultat en vaut vraiment la peine.

Pour 10 personnes

400 ml d'huile
3 clous de girofle
5 cardamomes
400 g de farine de blé complète
300 g de sucre
un soupçon d'eau de rose
100 g de raisins secs et de noix concassées pour servir

1 Faire chauffer l'huile dans une cocotte à fond épais. Mettre les clous de girofle et les cardamomes à rôtir et, quand les épices libèrent leur arôme (au bout d'1 minute), ajouter la farine. Bien mélanger. Laisser cuire 15 à 20 minutes à feu doux en remuant souvent jusqu'à ce que le mélange ait une coloration noisette.

2 Faire fondre le sucre dans 1,2 l d'eau chaude, ajouter au mélange et prolonger la cuisson 7 à 10 minutes en remuant de temps en temps. On obtient un mélange collant. Retirer du feu et humecter d'eau de rose. Servir chaud ou réchauffer au moment de servir. Garnir de raisins et de brisures de noix.

À température ambiante, l'huile en excès ressort. Il suffit de l'éliminer sans que cela altère le goût de ce mets.

shahi tukra (pain perdu à l'indienne)

Pour 4 personnes

4 tranches de pain blanc
200 ml de ghee
600 ml de lait condensé en conserve
2 1/2 cuil. à soupe de sucre
quelques filaments de safran
1 pincée de cardamome en poudre
2 cuil. à café d'eau de rose

Pour le décor
4 cuil. à café de pistaches, concassées
2 feuilles d'argent (facultatif)

1 Éliminer la croûte du pain. Couper les tranches en deux par le biais. Faire chauffer la moitié du *ghee* dans une poêle et y faire frire les tranches de pain, 1 par 1, jusqu'à ce qu'elles soient bien dorées (1 minute 30 environ). Les réserver sur du papier absorbant.

2 Préparer la sauce en faisant cuire le lait condensé avec le sucre pendant 10 minutes à feu doux, dans une casserole à fond épais. Retirer du feu et ajouter le safran, la poudre de cardamome et l'eau de rose ; bien mélanger.

3 Au moment de servir, disposer 2 tranches de pain sur une assiette et les napper de sauce. Parsemer de pistaches concassées et décorer avec les feuilles d'argent.

halva aux pommes

Le halva aux carottes, ou *gajar ka halwa* comme on l'appelle en Inde, est un dessert très prisé dans les restaurants indiens. Le halva aux pommes, qui se prépare de la même façon, a un goût sucré légèrement acidulé, très intéressant.

Dans les cuisines de restaurant, on utilise un lait, nommé mava ou *khoya*, cuit jusqu'à ce que toute l'eau en soit évaporée. Le lait condensé est un bon substitut. La Cox Orange est la pomme la mieux adaptée à ce halva.

Pour 2 personnes

700 g de pommes, râpées
2 cuil. à café de sucre
le jus d'1/2 citron
4 cuil. à soupe de ghee *ou de beurre clarifié*
1 bâton de cannelle de 2,5 cm
3 clous de girofle
4 cuil. à soupe de lait condensé
1 cuil. à soupe de raisins secs
1 noix de beurre
2 cuil. à soupe de calvados (facultatif)
amandes effilées pour le décor (facultatif)

1 Sitôt qu'elles sont râpées, ajouter aux pommes le sucre et le jus de citron pour éviter qu'elles noircissent. Bien mélanger.

2 Faire chauffer le *ghee* dans une casserole à fond épais, ajouter la cannelle et les clous de girofle puis, 30 secondes plus tard, les pommes. Faire revenir 8 à 10 minutes à feu vif. Adjoindre le lait condensé et les raisins secs et laisser revenir 7 à 8 minutes de plus sans cesser de remuer, en raclant bien partout.

3 Glacer au beurre. Ce dessert doit être servi chaud. Faire chauffer le calvados dans une petite casserole et le verser sur le halva. Décorer avec les amandes, le cas échéant.

gulab jamun

Pour 4 personnes

200 ml de lait en poudre pour bébé
3 cuil. à soupe de farine avec poudre levante
2 cuil. à soupe de fécule de maïs
1/4 de cuil. à café de bicarbonate de soude
400 ml d'huile pour friture
12 pistaches

Pour le sirop
425 g de sucre
1/4 de lime, jus et zeste
3 cardamomes
2 cuil. à café d'eau de rose ou 2 gouttes d'eau de kéora

1 Commencer par préparer le sirop. Porter à ébullition 500 ml d'eau. Ajouter le sucre, le jus et le zeste de lime et l'enveloppe des gousses de cardamome. Réserver les graines. Faire bouillir 20 minutes à feu doux. Laisser refroidir. Parfumer avec l'eau de rose ou de kéora.

2 Verser le lait en poudre, la farine, la fécule et le bicarbonate dans un bol à mélange. Piler grossièrement les graines de cardamome et les ajouter. Faire une pâte en ajoutant de l'eau, cuillerée par cuillerée, jusqu'à 4 cuillerées à soupe. Aérer la pâte en la soulevant plusieurs fois avec les doigts, puis la pétrir pendant 6 à 7 minutes. Elle aura une consistance collante. Huiler vos mains et la pâte, et la faire rouler dans le bol. Elle doit à présent être souple, se détacher des parois et pouvoir se façonner en boulettes sans casser. Cette pâte durcit vite, il faut donc la faire frire aussitôt.

3 Faire chauffer l'huile dans une sauteuse. Lancer à feu vif pendant 3 minutes avant de réduire au minimum. Pendant ce temps, diviser la pâte en 12 portions pour former des boulettes rondes d'environ 2 cm. Fourrer chacune d'1 pistache.

4 Faire frire les boulettes 5 à 7 minutes, à feu très doux, jusqu'à ce qu'elles prennent une couleur brune. Elles ne doivent pas toucher les parois en métal, ce qui les tacherait, ni frire à feu vif, ce qui les empêcheraient de cuire à cœur. Il faut donc remuer sans arrêt avec une cuillère en métal pour qu'elles brunissent de façon uniforme. Ce brassage permet aussi à l'huile de ne pas trop chauffer. Les boulettes gonflent pendant la cuisson.

5 Sitôt qu'elles sont retirées de la friture, plonger les *gulab jamun* dans le sirop de sucre refroidi afin de bien les napper, puis couvrir. Elles seront prêtes une demi heure plus tard. Servir tièdes, réchauffées dans le sirop. Elles se conservent cinq à six jours au réfrigérateur, et se réchauffent au dernier moment.

l'élaboration du repas

Mes amis anglais me demandent souvent comment la ménagère indienne élabore son menu. Bien qu'elle fasse partie intégrante de la vie quotidienne, l'organisation d'un repas n'en demeure pas moins complexe car elle doit tenir compte de plusieurs facteurs. D'abord, comme partout ailleurs dans le monde, il faut compter avec la saison et la disponibilité des produits. Puis, en fonction de la période de l'année, on choisit des aliments réchauffants ou rafraîchissants et l'on tient compte des besoins familiaux. Selon l'*Ayurveda,* il existe des aliments qui renforcent certaines tendances. Ainsi, bien que l'été soit propice aux aliments rafraîchissants, on évitera les oignons et le riz si un membre de la famille souffre de toux.

Il importe de savoir si l'on est en période de lune pleine ou nouvelle car ces jours-là, dans beaucoup de foyers, on ne cuisine ni poisson ni viande. La divinité vénérée par la famille ou l'individu a son jour consacré. Ainsi les adorateurs de Shiva, dieu de la création, jeûnent tous les lundis jusqu'au coucher du soleil ou mangent uniquement végétarien. De même, le mardi est le jour du dieu-singe Hanuman, symbole de dévotion et de bravoure. À Delhi, par exemple, les restaurants savent que le mardi est un jour creux, parce que les adeptes de Hanuman, très nombreux, évitent de sortir quand ils ne peuvent pas manger de viande. Les planètes correspondent elles aussi à un jour de la semaine. Si une personne a Saturne en opposition dans son ciel à ce moment-là, l'astrologue de la famille conseillera d'apaiser la planète en s'abstenant de consommer certains aliments – généralement toute chair animale – le samedi.

Une fois qu'elle s'est frayé un chemin dans ce dédale d'impondérables, la ménagère s'inquiète de savoir qui vient dîner, quelles sont les préférences de ses invités et si les mets doivent être plus ou moins épicés. Puis elle veille à ce que les couleurs des plats s'harmonisent entre elles, estime le temps et l'aide qui lui sont nécessaires et ce qu'elle peut dépenser.

Un repas indien ne comprend ni entrée ni hors-d'œuvre. Pour ouvrir l'appétit, rien de tel que les arômes d'épices qui émanent de la cuisine. Tous les plats sont disposés en même temps sur la table. Selon la région où l'on se trouve, on se sert dans tel ou tel ordre.

Dans une famille anglicisée, si le riz est servi en plat principal, il sera dressé au centre de l'assiette avec le curry à côté ou, si la sauce est liquide, dans une petite coupelle, genre bol à compote ou à déjeuner, les lentilles et le yaourt étant présentés dans des bols encore plus petits. Les légumes aussi seront disposés sur le bord de l'assiette, tout comme le *cachumber* et le chutney. Le *papadam* sera probablement placé sur une petite assiette à pain, avec le *chapati,* s'il y en a. Cette présentation est moins compliquée qu'elle ne paraît, car chaque ingrédient est servi en petite quantité de façon à être renouvelé à volonté. On prend un peu de chaque mets qu'on mélange avec le riz ou le *chapati*, ou les deux.

En général, le repas d'une famille indienne sans domestique se compose simplement de riz et de curry accompagnés d'un légume, les *chapati* étant préparés à l'occasion, parfois uniquement le week-end. Les Indiens achètent beaucoup de pain *pita*, qu'ils humectent d'eau avant de le réchauffer au four et servent avec une noix de beurre.

suggestions de menus

avec un curry peu relevé

1 Agneau aux abricots
Riz *pulao* (riz blanc parfumé aux épices entières)
Pommes de terre (sans sauce)
Petits pois et carottes
Pain perdu à l'indienne *(shahi tukra)*

2 Agneau aux prunes
Riz au safran
Chou-fleur au gingembre
Pommes de terre aux cacahuètes
Raïta d'épinards
Chutney de tomates
Kulfi ou Crème glacée

3 Fricassée de poulet
Riz blanc
Porial de haricots verts
Pommes de terre aux feuilles de cari
Mousse à la mangue

4 Molee de poisson
Riz à l'aneth
Chutney vert à la noix de coco
Cachumber d'oignon et tomate
Papadam frits
Gulab jamun

5 Curry d'ananas (menu végétarien)
Curry de *kofta* au soja
Riz au citron ou à l'aneth
Chou aux graines de moutarde
Pommes de terre aux cacahuètes
Halva aux pommes

avec un curry modérement relevé

6 Korma vert de poulet
Riz au safran
Masoor dal
Épinards au fromage frais
Raïta de pomme de terre et chutney rouge
Halva au blé complet (en hiver)
ou Halva aux pommes (en été)

7 Dhansak de poulet
Riz *pulao*
Pommes de terre (sans sauce)
Cachumber d'oignon et tomate
Papadam frits
Chutney vert à la noix de coco
Kulfi ou Crème glacée ou Fruits frais

8 Patia de crevettes
Riz jaune
Moong dal
Gombos à la tomate
Papadam frits
Pain perdu à l'indienne

9 Curry de pois chiches (menu végétarien)
Riz jaune
Petits pois et carottes au cumin
Pommes de terre au yaourt
Chutney vert à la noix de coco
Shrikand

avec un curry très relevé

10 Agneau aux navets ou Curry de poulet rouge parsi

Riz blanc
Gombos à la tomate
Raïta de concombre
Salade de fruits

11 Curry de mouton à la mode de l'Andhra Pradesh ou Poulet Chettinad ou Vindaloo d'agneau à la goanaise

Riz au citron
Pommes de terre aux feuilles de cari
Raïta d'épinards
Papadam frits
Cachumber de tomate
Kulfi ou Crème glacée ou Sorbet

12 Curry de poisson à la goanaise

Riz blanc
Raïta de pomme de terre et chutney rouge
Chutney vert à la noix de coco
Cachumber d'oignon et tomate
Papadam frits
Mousse à la mangue

menu adapté à des convives végétariens et non végétariens

13 Curry de poulet à la noix de coco (à la Mangalore) ou Curry de chou-fleur et pommes de terre (avec le même mélange d'épices)

Riz blanc
Aubergines farcies
Raïta de tomate
Chutney vert à la noix de coco
Papadam frits
Crème glacée aux fruits ou Sorbet
ou *Shrikand*

menu végétarien relevé

14 Curry de légumes en mélange

Riz au citron
Raïta de concombre
Cachumber de carottes
Papadam frits
Chutney aux cacahuètes
Shrikand

menu adapté à un curry modérément relevé, servi avec des pains indiens

15 Agneau aux épices d'achards ou Korma de poulet aux pistaches ou Poulet au beurre

Paratha ou Pain *pita* (humecté, puis réchauffé au four et servi avec une noix de beurre)
Chou-fleur au gingembre
Raïta de pomme de terre
Cachumber d'oignon au paprika (facultatif)
Chutney de tomates
Salade de fruits ou Halva aux pommes

curry servi avec du pain (pour un brunch ou un goûter dînatoire)

16 Agneau mijoté aux oignons et yaourt

Pain en tranches
Oignons au paprika
Lime en quartiers
Raïta au choix
Fruits frais

buffet traditionnel

17 Curry de viande aux pommes de terre et au cumin

Curry de crevettes Malabar
Riz jaune
Pois chiches
Porial de haricots verts
Raïta de concombre
Papadam aromatisés (coupés en quatre)
Chutney de tomates
Mousse à la mangue

que boire avec un repas indien

En Inde, dans les classes moyennes, il n'est pas d'usage de servir à boire aux repas. De toutes les boissons alcoolisées, le scotch est un grand favori ou, à défaut, pour ceux qui n'en ont pas les moyens, le whisky indien. L'Inde fabrique aussi de la bière, du rhum (avant tout pour le personnel des armées), de la vodka et du gin consommés dans les catégories sociales les plus aisées, estimées actuellement à plus de 30 millions de personnes (plus de 100 millions pour les classes moyennes).

Quand on boit, c'est avant le dîner, en grignotant des amuse-gueules maison, des kebabs ou des *papadam*. Les femmes qui boivent sont une minorité, avec un penchant pour le gin et la vodka et, ces dernières années, les vins et le champagne indiens. Le pays compte quelques établissements vinicoles, et la qualité du vin s'améliore. La production concerne aussi bien le rouge que le blanc, les blancs étant supérieurs aux rouges. La vigne est cultivée dans différentes régions du plateau du Deccan, au Maharashtra et aux alentours d'Hyderabad et de Bangalore. Avec 3 millions d'Indiens partant chaque année en voyage à l'étranger, il ne fait aucun doute qu'une tradition vinicole va se développer dans le pays. On mange généralement assez tard, entre 20 h 30 et 21 h 30 et, pour un dîner, il ne serait pas correct de servir le repas avant 22 h 30 (voire plus tard), car cela sous-entendrait que les hôtes ne donnent pas à leurs invités le temps de boire tout leur content. Dans les soirées, la boisson est jugée plus importante que la nourriture, toujours servie sous forme de buffet. Cependant, dès que l'on passe à table, il n'est plus question de boire.

Chez soi, l'usage quotidien est de boire de petites gorgées d'eau tiède pendant le repas, et de n'absorber que peu de liquide après. On évite généralement l'eau froide, censée provoquer des glaires dans l'estomac.

Dans les restaurants indiens du Royaume-Uni, on aime boire de la bière avec les currys, alors qu'en France les gens apprécient de boire du vin avec les spécialités indiennes. Tout est affaire d'habitude et de coutume. Au Royaume-Uni, le *lassi,* boisson faite de yaourt battu dilué à l'eau et aromatisé, accompagne aussi les plats relevés, alors qu'en Inde on le sert au petit déjeuner, surtout en été.

index

remerciements

À ma mère Sita qui a éduqué mon goût dès l'enfance. À ma sœur Namita qui est aujourd'hui mon meilleur critique gastronomique. Et au groupe hôtelier Taj grâce auquel j'ai pu, pendant plus de trente ans, parcourir mon pays et le reste du monde, découvrir les meilleurs restaurants, étudier quantités de traditions culinaires et aussi créer en Inde la toute première table du Setchouan, le Golden Dragon, au Taj de Mumbai (1972), ainsi que le premier restaurant thaï, l'Indian Paradise, au West End Hotel de Bangalore (1988), entouré de son propre jardin d'herbes aromatiques thaï.

Ma reconnaissance va également à tous les chefs cuisiniers de l'Inde et d'ailleurs qui m'ont transmis leur savoir, et aussi à tous ceux avec lesquels j'ai eu l'occasion de travailler. Et, bien sûr, aux nombreux amis, cuisiniers de famille et traiteurs de mariage qui ont partagé avec moi le trésor de leurs secrets culinaires pour que l'on puisse savourer le meilleur de la cuisine indienne dans le monde entier.

Sans mon agent littéraire, Mike Shaw, qui a accepté de me représenter dès les premiers instants de notre rencontre, et sans Kyle Cathie, mon éditeur d'origine, qui a cru en ce livre en dépit du grand nombre de photographies en couleur, cet ouvrage n'aurait pas vu le jour dans sa forme actuelle.

Crédits photographiques

Peter Knab, stylisme de Diana Knab, préparation de Caroline Liddell pages 34, 37, 38, 39, 44, 48, 50, 51, 54, 55, 57, 58, 69, 71, 73, 79, 81, 83, 85, 89, 91, 93, 95, 99, 101, 103, 105, 111, 113, 117, 119, 121, 123, 127, 144, 151, 196, 202

Simon Smith, stylisme de Felicity Salter, préparation de Kathy Mann pages 133, 135, 137, 139, 143, 148, 153, 155, 157, 159, 167, 170, 175, 178, 191, 198, 201, 207, 209

Martin Brigdale, stylisme de Helen Trent, préparation de David Morgan pages 63, 64, 75, 77, 87, 97, 107, 109, 115, 125, 129, 131, 141, 161, 163, 165

Ashvin Metha pages 4, 36 ; Ashvin Gatha page 53 ; Viren Desai pages 8, 21, 42 ; Geoff Hayes pages 2-3, 11, 12, 15, 22, 25, 29, 46, 66-67, 169

Édition originale anglaise
parue sous le titre
50 Great Curries of India :

22, rue Huyghens, 75014 Paris
www.albin-michel.fr

ISBN : 978 2 226 15738 6
Dépôt légal : 2e semestre 2005

Imprimé et relié à Singapour